☯ はじめに

占いは好きですか？

私はもともと占いが大好きで、若い頃から数々の占いをしてきました。

しかしながら人生半ばを過ぎて、答え合わせをしてみたら、不思議なくらい、何一つ当っていませんでした。

でもそれは占い師が悪いわけでもないし、運命というものがないわけでもないと思うのです。ただ一つ言えること——それは、良くも悪くも私自身が、人生の中で自ら数々の変化を起こして来た、ということです。

人生折り返し地点を過ぎて、今までの長い道のりを振り返ってみたら、運命はじつに面白くできていることに驚かされます。

あの時、もし違う選択をしていたら運命はどうなったんだろう？と思うこともありますが、長年の経験から省みると、過去と現在の必然的な関連性がよく分かってきた気がします。「あの時の辛かった経験は、じつはこの素晴らしい景色を見せてくれるための神様からのプレゼントだったんだ！」ということにハッと気づかされる時があります。

◉ 人生は選択の連続

私たちの人生には自由意志が与えられ、日々選択の連続です。どう選択するかで運命に雲泥の差が生まれます。

「人事を尽くし天命を待つ」という言葉があります。人事を尽くすというのは人為的選択や努力ですが、その結果どうなるかというのは「天命」という不思議な、運命的な要素が加わりますね。

自らの意志で人生を選択しながらも、「天の采配」はどこかで感じるものですよね。

「天の采配」というものは、人生の道の選択が正しかったかどうか、つまり自分本来の人生の目的に沿った正しい道を歩んでいるか、それを知らせてくれる一種の「ナビゲーションシステム」だと、見なすことができます。

　ここで、とても興味深い、重要な事実があります。この「天の采配」を、占いという手段でもって観ようとする人が実際多いわけですが、中国のある占い師の大家はこんな事を言っています。**「占いの結果をそのまま信じ込む人は将来大成しない。自分でどんどん変化を起こしている人の運命は計算できない」**と。

　この占い師が占いを受け付けるかどうかについては、下記のような条件があったようです。

①若い人の将来どうなるかの占いは一切受け付けない。これは自分の人生をカンニングしているようなものだ。

②年配の人の占いは遠慮する。これまでどうだったかは一番自分がわかっていることだ。

③人生の道で迷って、右に行こうか、左に行こうか悩むときだけ、占いを受け付ける。

　人生の迷子になって、右に行こうか、左に行こうか悩むことが誰にもありますよね。その時に、何を基準にして、どんな選択をするのか、これにはちょっとした智恵が必要になるのです。

● 易経は最高の人生ガイドブック

　まだ行ったことのない場所に車で向かう際、地図やカーナビの助けを借りるように、私たちが未知の人生を歩む際にも、同じようなナビゲーションが必要だと思うのです。もし、最高のガイドブックに出会えたなら、人生の選択がはるかにスムーズになるのではないでしょうか。

　その「最高の人生ガイドブック」とも言えるのが、中国の7000年にわたる歴史を持つ「易経」という本だと思うのです。「易経」と聞くと多くの人は占いの本だと思うかもしれませんが、占いは易経のほんの一部に過ぎません。**実際には、易経には宇宙・人生の秘密の規律が書かれていて、その内容を理解すると、人生は必ず正しい方向へと導かれて行きます。**

　中国には「よく易を為めるものは、占わず」という有名な言葉があります。この意味は、易経の真髄をしっかり学んで理解すると、占いをしなくても自然に人生がうまくいくようになるということです。

　なぜなら、易経が教えているのは、この世のあらゆる出来事の背後にある「法則」だからです。この法則とは、自然界における秩序やルールのことです。たとえば、自然の摂理に合った食べ方や生き方をすれば健康でいられますが、逆に自然に反することをすれば、いくら神社で賽銭を積んでお参りしても体調を崩してしまうものです。

　易経は、この自然の法則に基づいて、どのように物事が変化していくのかを教えてくれるものです。私たちの体も心も、自然の環境も、常に変化していますが、その変化には一定のルール（変

化の法則)が伴っています。物事はこのルールに従ってしか変わっていかないので、将来起こることは予測できるようになるわけです。だから易経は予測学、つまり占いとしても活用できるのです。

私たちがこの変化の法則を理解すれば、将来起きるべき事象に備えることができるだけではなく、自ら変化を生かして運命を創造できるようになるということです。

私たちの中には本来、偉大な創造力が備わっています。その創造力を宇宙の法則に沿った形で活かすことができれば、人生の結果は自分で決められるようになります。

「天の采配」は私たちの選択や行動が、宇宙の法則に適っているかどうか、それを知らせてくれます。宇宙の法則を理解して行動すると、私たちは人生の真の主人公として、自分の未来を自分で望む形に切り開いていくことができるのです。

一般的に占いとは未来予測のことですが、そう考えると、**そもそも最大の未来予測とは、未来を思うように創造していくことそのものである**、と言えます。これこそが「よく易を為めるものは、占わず」の、真の意味なのです。

はじめに

● 易経との出会い ―困難は幸運の始まり―

　易経を理解すると、「困難」の捉え方が驚くほど変わります。困難なことが起きた時ほど、じつは人生で最大に学び、成長するチャンス到来なのです。困難を最大に生かすことで、自分の人生をより面白く、深くするだけでなく、思いもよらぬ自分の内在の能力を引き出し、人生がガラリと好転するきっかけにまで、できるのです。

　ここで、私自身の人生の体験をもとに、このことを話したいと思います。

「一病息災」という言葉があります。一つ病気になった事によって、健康に気をつけるようになるので、それ以上の災難を回避できるという意味です。

　私の運命が劇的に好転したのも「一病」からでした。30歳代前半「命の危機」を経験する大きい手術を受けたことがありました。後から考えると、この出来事がまさに中国の最古の自己啓発本の経典「易経」の世界へ招かれる「招待状」となりました。

　30歳代の前半までは、私はいったい何をやりたいかもよくわからず、じつに鬱々と生きていました。最大の夢は「白馬の王子」が現れて、日々の辛い仕事から救ってくれることでした。

　21歳の時、私は半年分の学費と１カ月分の生活費８万円、そして未来への憧れをもって日本にやってきました。私が生まれ育ったのは中国黒竜江省の小さな町。決して裕福な家庭ではなかったのですが、両親の愛情に恵まれ、それなりに幸せな生活を送っていました。

　中学生時代にテレビで見た「一休さん」や「キャンディキャン

5

ディ」などの日本のアニメ、山口百恵さんの赤いシリーズのドラマの影響なのか、日本に心惹かれ、いつかは日本に行きたいと夢見ていました。

高校を卒業して、日本語専門学校で2年間日本語を勉強した後、人生はじめての冒険をしました。遠出したこともない私が親の同伴もなしに40時間汽車に座りっぱなしで、青島の日本企業を目当てに職探しに出かけました。遠いところから、大きい荷物を抱えて面接に来た若い女の子にびっくりして同情してくれたのか、すぐ内定のお約束をいただきました。

こうして日本社会へのデビューが始まりました。この会社に入ったことがきっかけで2年後に日本留学の道が開けました。

しかし、まだ2年しか働いてない私にとって留学費用は天文学的な数字でした。恐るおそる両親に相談したら「子が勉強したいというのなら、家を売ってでも勉強はさせなさいという昔からの言葉もあるからなんとかしましょうね」と言ってくれ、当時新築したばかりの家を売って、留学費用を工面してくれたのです。その時、家を売って作った全財産が、半年分の学費35万円と1カ月分の生活費8万円でした。

思春期の頃から、両親の行き過ぎる愛情には嫌気がさす時もあって、「どこか親から見えないところに飛んでいこう」と密かに思っていました。しかし、ここでこんな風に両親の無償の愛に助けられ、涙がとまりませんでした。

やがて憧れの日本に上陸。まさに「怖いもの知らず」で日本に来たものの、現実は厳しいものがありました。予備校生活、大学生活では学業よりも、学費や生活費を稼ぐためにバイトに明け暮れる日々。バイト先の飲食店で客入りが悪いと早い時間に帰らさ

れるので、泣きそうにもなりました。なんとか７年間の学生生活をやり抜いて、念願の日本の大企業に就職がかなった時は飛び上がるほど嬉しかったです。

しかし、就職の１年目は魔の社会人１年生で、メンタルがボロボロにやられました。

営業職として、思うほどの実績もあげられず、先輩に頭を下げて数字を借りなければならなかった屈辱感、そして「お前は営業失格だ。やめていけ」と毎日のように上司に怒鳴られ、トイレに隠れて泣いて目が赤く腫れあがって、出るに出られなかった苦い思い出…今は笑い話になっていますが、当時の私にとってはとても辛い日々でした。

30歳近くになっても学生時代同様、深夜まで仕事ばかりして心が荒んでいた私は、まじめに「白馬の王子」が現れて私を救ってくれないか？　と願ったものです。

そうしているうちに引き寄せたもの…それは、「白馬の王子」ではなく「卵巣腫瘍」という病気でした。片方の卵巣を切除する開腹手術を受けるはめになりました。当時はまだ結婚もしてなく、将来できれば子どもは７人欲しいと言っていた私にとっては大変ショックな出来事でした。しかも「組織検査をして良性なのか、悪性なのかを調べます」というお医者さんの言葉に、30歳そこそこで命がなくなるのか？　という恐怖に襲われたものです。

時間が止まっているような感覚の中で、「明日死んでも悔いのない人生を今送っているのか？」などと、自問自答しました。そして、「どうしてこんなに生きづらいのか、また、どうして病気になるのか」という答えを求めて辿り着いたのが「易経」の世界でした。

その後、幸い良性腫瘍と診断されましたが、その時の逆境がきっかけとなり、将来の保証がないにもかかわらず、それまでの仕事をきっぱりやめ、人間関係も整理し、一から人生をリセットすることができたのです。

　そこで「これからの人生は本当にやりたいことしかやらない」と決めた私は、上海でしばらく薬膳や易経の勉強をした後、日本に戻り起業します。幸運にも銀行から破格の融資をいただき、4000万円の資金をかけて薬膳の店やスクールを開業します。お店を運営していく過程でもまた困難なことに出会うのですが、易経の学びから大きい力を得て乗り越えることができたのです。

　易経は難解でとっつきにくい本ですが、なぜか興味が絶えることなく、研究し続けてもう20年近くなります。深淵な易経の知恵をすべて吸収したとはとても言えませんが、易経の学びを通して、物事を立体的にみる視点を得ることができ、精神世界が豊かになり、何よりどんな時でも心が安定するようになりました。と同時に、安定的な健康も保てるようになりました。

　それから易経はずっと最高の人生の師匠、メンターにもなってくれ、生活や仕事のあらゆる場面で私を支えてくれて、大いにその恩恵を受けることができました。

　易経のお陰で「自分は何者か」に気づき、今もっとも自分らしく、人生が輝きだしています。あの「一病」は間違いなく私を創造的な人生に軌道修正してくれて、大きい人生の喜びと収穫を与えてくれました。

　あの時、トイレに隠れて泣いて、外に出ていけなかった女の子が、自分で会社を作って社長になり、講師になり、そして易経の本を出版するまでとなったこと、誰が想像できたでしょうか…？

そう考えると、人生はじつに面白いものです。

◉ 易経は帝王学として、国を動かしていた

じつは易経は、昔から、日本にも大きな影響を与えてきました。

日本の戦国武将で易を学んだ代表格といえば、かの武田信玄が挙げられます。武田信玄は重大な決断をするときに、よく占いを用いていました。その代表的なものが「易経」です。戦にあたり、出兵が吉か凶かも占い、その結果によっては出兵を控えることもありました。

そして、易の普及に大きな影響を与えたのが「足利学校」です。戦国時代、日本でもっとも大きい大学だったという足利学校では、易占いを学ぶことにも力を入れていました。当時の学問は中国の四書五経（四書は『論語』『大学』『中庸』『孟子』、五経は『易経』『書経』『詩経』『礼記』『春秋』）であり、易占いも学問の１つとして教えられていました。室町時代から江戸末期まで続きました。

足利学校の校長にあたる人を「庠主」といいます。第９世の庠主である三要は、後に徳川家康に仕え、活躍した人物であり、出陣の日の吉凶も占っていました。家康は易を学び、のちに周易（易経）のテキストを出版しています。家康もまた、易を政治に応用した人であり、その重要性を認識していたのでしょう。

日本においてさえ、これほどの影響を与えたのですから、中国ではこれよりはるか昔から易経は、歴史上多くの名を馳せた人物たちに読み継がれてきました。古代はそれこそ帝王学で、「易を読まないものは宰相になってはならない」と言われ、国を動かす重大な決断も易経を拠り所としていました。

日本でもおなじみの三国志に出て来る諸葛孔明、さらには儒教

の論語で有名な孔子も、大変な易経愛好家でした。諸葛孔明が三国志で見せた智恵も、孔子先生が論語で語った思想も大いに易経の影響を受けています。

晩年、孔子は「私に数年の生命を天から仮(か)し与えられて、今までのように易が勉学ができるならば、易理に於いては完美して、大した過ちを犯すことがないようになるだろう」と言い残しています。「人生において大きい過ちを犯すことがない」と言われた孔子の言葉は、易経を研究する者ならば、誰でも共感できると思います。

そもそも、易経にはじつに7000年もの歴史があります。中国の伝説的な皇帝であり、人文の始祖とよばれる伏羲から研究がはじまり、周文王、孔子の三人の聖人が長い時間をかけて、宇宙の法則をさまざまな人生場面に当てはめて体系化、言語化して後世に伝えてくれたのです。

● 易経は潜在意識を繋げる道具

易経は帝王学として、古代では国を動かしてきていますが、じつは私たちの一人ひとりの人生のさまざまな場面でその智恵を生かすことができます。

国を動かすのも、人生を動かすのも、じつは同じ道理でできているのです。私たち一人ひとりが自分の人生の主人公であり、「帝王」であるともいえます。

易経の生かし方の一つとして、自分と潜在意識をつなげてくれ

る道具として使うこともできます。

　たとえば、あなたが、待ち合わせの場所に行きたいのに、どうしてもそれを思い出せなかったとします。つまり、一度はその場所を記憶して、潜在意識はその回答を知っているにもかかわらず、それがなかなか、自分の意識（顕在意識）に浮かび上がってきて思い出すことができないのです。

　その時、あなたが、たまたま入ったコンビニの中でチーズケーキを見た時、「あっ！　思い出した！　3丁目のチーズケーキのおいしい、あのカフェに行くんだった！」と、突然、ひらめいたとします。つまり、チーズケーキをきっかけとして、潜在意識が知っている回答を、自分の意識（顕在意識）に浮かび上がらせた、というわけです。

　この潜在意識は、宇宙と自分をつないでいる意識とも言われています。つまり、易経とは、潜在意識が知っている未来への回答を、自分の意識（顕在意識）に浮かび上がらせるための、きっかけを提供してくれるのです。たとえばこの例の中では、チーズケーキがまさに、それにあたります。

　従って、この潜在意識の理論を応用することにより、占わずして、実践的かつ実用的に、易経の法則を活用することができるのです。

　また易経を通して、自分の中のどのような意識が、どのような現象を生み出しているのか、それを内観させてくれます。

　私たちの経験や受け入れてきた観念は潜在意識に記憶されて、それが人生を選択するときの基準と価値観を形成します。外に現われた現象はすべてが潜在意識で受け入れた観念の投影と言えます。

　映画のスクリーンに映像が投影されるように、私たちが味わっ

ている人生も潜在意識の投影と言えるのです。だから人生を好転させるには、その投影源である潜在意識の中に入っているものが宇宙の法則に沿っているかどうかをよく観ることが必要なのです。

● 易経の最大の特徴—陰陽。心が平和になる法則

易経の最大の特徴…それはなんといっても、「陰陽」の概念を見出したことです。陰陽とは天地・水火・男女のように、この世の中にある、相対する異なる性質のものの属性を意味します。

陰と陽という異質なものが交じり合うと変化が生じます。

たとえば、男と男、女と女の組み合わせでは絶対子どもを生み出すことができないように、同質なもの同士では変化は生まれません。男女が交じり合ってはじめて新しい生命を生み出すように、陰陽が交じり合うことによって、さまざまな変化をもたらします。変化があるからこそ、物事は、進化・発展することができて、命が存続しつづける事ができるのです。

陰と陽はどちらがよいとか、どちらが悪いとかいうわけではなく、それぞれ役目があって存在しているのです。**陰陽の相互作用で宇宙の森羅万象を創り出しているので、陰陽は必ずセットで存在するというのが宇宙の法則とも言えます**。すなわち、陰陽はどちらか一方だけでは存在できない、いわば全体でつながった統一体なのです。

たとえば、世の中は善をよしとして悪を憎む傾向がありますが、悪がなければ善もありませ

ん。従って、悪は悪で人々に善を意識させてくれて、常に我を修正、精進させてくれる要素にもなるわけです。悪は悪の効用があると思えば、そこを批判せずに、それにどう対応するか自分の内面に働きかければ、心は、次第に平和になっていきます。

「一陰一陽これを道と言う」、これが易経で伝えている宇宙観です。国を動かすことも、自分の人生を動かすことも、日々の小さな出来事も全部同じ原理が働いています。**あらゆる物事の裏で働いている共通原理こそが陰陽の変化の法則なのです。**陰陽は合わせて一つの全体という法則を理解すると、自分と違う他を認めて、受け入れやすくなります。そうなれば、世界大同の道を実現するのもそう遠くはないと思います。

　何も大きいことだけではなく、私たちの日常生活におけるさまざまな場面、たとえば人間関係、健康、仕事、豊かさ、恋愛、結婚などにもじつは常に陰陽の法則が働いています。

　私たちの人生、生活も常に変化の連続ですね。私たちは一般的にこれから先どう変化するか分からない、変化が起きた時にどう対応していいかわからないから悩み、不安になるものです。すべての変化は陰陽の相互作用によるものなので、陰陽の法則を理解するともっと高い視点をもって、物事の成り行きを把握しやすくなります。

　易経はその変化法則を説いた本なので、「変化の書」とも呼ばれています。

　もしかしたら、人間は本質的には変化を好まない生き物かもしれません。公務員が就職先として根強い人気があるのも、安定しているからという理由のようです。

　しかし、自分が動きたくなくても、風が吹けば木は動かざるを

えなくなります。変化を避け、リスクを避ける生き方が、最大の
リスクになり、真の人生の利益を失うことになるかもしれません。
**本当の安定というものは、変化に自在に対応できる心の安定とい
うものです。**

　心の安定があれば、日ごろのちょっとした事で、一喜一憂しな
くなります。むしろあらゆる変化を主導的に生かして、人生をゲー
ム感覚で楽しめることができるのです。

　**陰陽の変化の法則は、人類が長い歴史の中で自然から学んだ不
変の真理です。**

　易経では、64通りの自然現象を通して、私たちにさまざまな場
面での陰陽の法則を説き、これを人間世界に当てはめたら、どん
な道理になるのかを教えてくれています。

　64通りの自然現象を通して得た道理を64卦として、言葉と記号
で表現しています。

　これを私たちの人生に当てはめた場合、64通りの人生場面、時、
立場、状況を表すことになります。さまざまなシチュエーション
を通して、どうしたら、変化の時の中で自ら運命をコントロール
し、円満な人生を創っていけるか、その法則性を示しているので
す。

　しかし、64通りを全部学び進めていくにはやはり最初は難しい
と思われる方が多いのが現状です。そこで**本書では易経の真髄を
９個のシンプルな法則にまとめてお伝えしています。**これは易経
だけでなく、あらゆる学問、そして人生そのものを理解する上で
のもっとも基本的なベースになり、物事の本質を観る目を育てて
くれます。

　本書では健康、人間関係、生き方の側面から分かりやすく、実

例を挙げながら説明していますので、すぐ日常に応用できるようになります。

そもそも本書を書いた動機は、「易経を帝王学や、一部の学者の専門的な研究領域だけではなく、誰もが日常の生活で使える智恵として伝えたい」という思いからでした。

易経を通して「生き方が楽になり、健康で豊かな人生を楽しんで欲しい」、そんな願いを込めています。

最初は、易経の言葉に慣れていないと少々難しく感じるかもしれません。でも、読み進めていくと、やがて人生を根本から変える「宝物」に出会うことができるでしょう。何度も読み返し、その教えを日常で実践して取り入れることで、易経の深い智恵があなたの中に根づいて血肉化していくのです。

易経は古代から伝えられている宇宙の法則を説いた深い智恵だからこそ、その智恵にアクセスするには、自ら求めていく真剣な心も必要です。

易経の陰陽の法則を知るということは、人生の最善の選択ができる最も正しい原理がわかるようになることです。この原則を用いることにより、心の持ち方、意識が変わり、人生の景色は一変します。この陰陽の法則を活用していただくことによって下記の効果が期待できます。

①安定的な健康を手に入れられる。
②幸せな人間関係を築くことができる。
③本当の自分と出会い、創造的な人生を楽しむことができる。
④真の豊さを獲得できる。
⑤生き方の達人になって、愉快な人生を生きることができる。

⑥意識の次元が上がり、日ごろの一喜一憂から解放され、心が安定する。

　人生にはさまざまな問題が起きてくるものです。楽しいことも苦しいこともありますが、自分を体験し、自分を創るための大切な出来事です。

　問題が起きたら、それをすぐに解決しようとしがちですが、まずは問題の中にある本質を観る能力を育てることが大事なのです。

　宇宙の法則と繋がっていくことにより、必ず心が安定するようになります。心が安定すれば生活の中で起きているネガティブな問題さえも、そこから意味を見出して危機を好機に変えて、人生を大きく転換することができます。

　もし私たち一人ひとりの心が平和であり、自分の人生を喜んで全うできたなら、自然と世界全体も平和になると思います。一人ひとりがまず自分を喜ばせることができれば、知らぬ間に、戦わずして、世界の平和が実現していくのです。

　易経との出会いは私にとってはまさに心が平和になる「宝物」との出会いでした。

　その宝物はいつも静かにそこにあります。手を伸ばしたら、あなたの人生もきっと大きく動き出すことでしょう。

● 本書を読む上でのワンポイントアドバイス

　赤ペン、青ペンを用意して、共鳴できるところは、青ペンで塗りつぶし、引っ掛かるところは赤ペンで印をつけてください。赤の所が今の人生課題になっているので、よくよく自分の内面に問いかけてみてください。

占わずして人生を大きく好転させる！ 易経の秘密 ◉ 目次

❀ はじめに　1

- ● 人生は選択の連続　1
- ● 易経は最高の人生ガイドブック　3
- ● 易経との出会い―困難は幸運の始まリ―　5
- ● 易経は帝王学として、国を動かしていた　9
- ● 易経は潜在意識を繋げる道具　10
- ● 易経の最大の特徴―陰陽。心が平和になる法則　12
- ● 本書を読む上でのワンポイントアドバイス　16

自分を知り、自分を創る　易経の秘密　その ①

自分は何者？ ……………………………… 25
〜「無極」という自分の源〜

- ❀ 自分は何者？　27
- ❀ あなたは宇宙です。　30
- ❀ 本当の自分はどこから？　32
- ❀ 何のために生きている？　36
- ❀ 引き寄せの法則　38
- ❀ 認知が変われば世界は一変する　40
- ❀ 人生を幸せにする魔法のスイッチ　41

- ● 健康面　42
    - ❶命に対する全幅の信頼　42
    - ❷潜在意識に邪念が入らないよう守る　42
    - ❸服用するなら「笑いと安心」という薬　42
    - ❹最高の健康管理は「天人合一」「神我一体」　43
    - ❺病気は不幸という概念を手放す　43

- ● 人間関係　44
- ● 生き方　44
- ● 本当の自分と出会うためのメソッド　45

自分を知り、自分を創る 易経の秘密　その ②

一陰一陽これを道と謂う …………47
〜心が無限に自由になる〜

- ✺ 陰陽はセットでできている　48
- ✺ 易経の秘密は陰陽の法則　49
- ✺ 陰陽の法則を知って、運命の主人に！　52
- ✺ 易の三義　53
- ✺ 陰陽のバランス感覚が人生を整えてくれる　55

- ● 健康面　57
  - ❶ 身体と心の統一　57
  - ❷ 健康の原則は陰陽のバランス　58
  - ❸ 飲食・生活の中での陰陽のバランスを整える　58
  - ❹ 自然の陰陽のリズムに合わせて、自分の陰陽を整える　59

- ● 人間関係　59
  - ❶ 陰陽は惹かれ合う　59
  - ❷ 偏った考えや観念をもつと、その反対側の偏りの人を引き寄せる　60
  - ❸ 良い・悪いをジャッジしなくなるので、心が自由になる　60
  - ❹ 行動の裏の感情やニーズを観ることができる　60

- ● 生き方　61
- ● まとめ　61
- ● 問い　62

自分を知り、自分を創る
易経の秘密　その❸

陰陽交感 63
～生命の誕生と健康と若さの秘密～

- 生命の誕生　64
- 健康と若々しさの秘密　66
- 「陰陽交感」を意識すれば、すべてが整っていく　69
- ● 健康面　70
    - ❶頭は「静」、足は「動」　70
    - ❷食事面の陰陽のバランスを考える　70
    - ❸意識してあくびをする、丹田に氣を集める　70
    - ❹時間リズムで陰陽の氣を養う　71
    - ❺靴は軽いものより重いものを履く　71
    - ❻身体を緩ます　71
- ● 人間関係　71
- ● 生き方　73
- ● まとめ　74
- ● 問い　74

現象を通して、本質を観る
易経の秘密　その❹

陰陽互根互用 75
～相手があって自分が成り立つ～

- 相手があって自分が成り立つ　76
- 与え、与えられる本質　77
- 陰陽互根互用の効用　83

- ● 健康面　83
- ● 人間関係　85
- ● 生き方　86
- ● まとめ　87
- ● 問い　88

現象を通して、本質を観る
易経の秘密　その**5**

像は形を創る……………………89
～創造の原理～

- ✿ 創造の原理　90
- ✿ 心が宇宙を動かしている　93
- ✿ 万年の亀が教えてくれたこと　95
- ✿ 祈りという目に見えない思い　97
- ✿ 健康も愛も富も意識が創り出す　99

- ● 健康面　100
    - ❶思い悩むと氣が結ぶ　100
    - ❷不調はネガティブな感情の現れ　100
    - ❸健康の意識を持つ　101
    - ❹生活のあらゆる場面でイメージの力を活用して、感謝する　101

- ● 人間関係　102
- ● 生き方　103
- ● まとめ　104
- ● 問い　104

現象を通して、本質を観る

易経の秘密 その❻

陰陽対立制約 105
～すべての方法論は自ら生み出せる～

❖ 大きい革命は大きく乱れた時に起きる　106
❖ 「中する」智恵　106
❖ 人間的な陰陽のバランス感覚　110
❖ 「陰陽対立制約」の考えを基に生み出す方法論　112

● 健康面　114
　❶考え方の陰陽の偏りを調整する　114
　❷生活の中の陰陽・動静のバランスを修正する　114
　❸食の陰陽のバランスを考える　115
　❹取捨のバランスを考える　116

● 人間関係　116

● 生き方　117

● まとめ　118

● 問い　118

変化に自在に対応して「時中」を生きる

易経の秘密 その❼

陰陽消長平衡 119
～人生の成功者になる「時」の法則～

❖ 人生の陰陽の時間サイクル　120
❖ 陰陽の活動──消長平衡　121
❖ 龍の成長の物語から観る「時」の活かし方　123
❖ 自然の「時」のリズムを生活で生かす　127

● **健康面** 127
ᕬ❶春夏は陽を養い、秋冬は陰を養う 127
　❷旬の氣をいただく 128
　❸身体のエネルギーの消長平衡 128
　❹夏の生姜、冬の大根は医者いらず 129
　❺自然のリズムに寄り添って生きる 129

● **人間関係** 130
● **生き方** 131
● **まとめ** 132
● **問い** 132

変化に自在に対応して「自分」を生きる
易経の秘密　その　**⑧**

陰極まったら陽になり、陽極まったら陰になる 133
～不運が幸運のはじまり～

❀幸運は不運の顔をして現れる 134
❀吉・凶・悔・吝 136
❀神にも、鬼にも好かれる「吉」の人 139
❀生活の中の陰陽転化 142

● **健康面** 142
● **人間関係** 144
● **生き方** 144
● **まとめ** 145
● **問い** 146

変化に自在に対応して「自分」を生きる

易経の秘密　その⑨

相対的な陰陽 147
~自分らしく、次元上昇する道~

- 自分らしく生きる　148
- 自分を生きながらも、自分に執着しない　153
- 正しく観て、正しく行動する　156
- さまざまなバランスを相対的に観る　159

- ● 健康面　159
  - ❶健康の基準を相対的に考える　159
  - ❷身体によいと言われる食材よりも、自分の身体に合う食材を　160
  - ❸相対的な若さを保つ　161

- ● 人間関係　161
- ● 生き方　162
- ● まとめ　163
- ● 問い　163

易経の秘密　そのまとめ

「吉凶」を越えて
人生ゲームを楽しむ 165
~人生は深刻にならず、真剣に遊ぼう!~

- 運命は決まっている?　166
- 運命に影響する10要素　170
- 吉凶を越えて、人生をゲーム感覚で楽しむ　176

易経の秘密

人生における
八卦・六十四卦からの学び……………183
～64卦を通して潜在意識からのメッセージを受け取る～

- 易経 八卦・64卦から何が学べる？　184
- 八卦とは　185
- 八卦が示す自然からの教え　186
- 八卦図　189
- 六十四卦は最高の人生ガイドブック　190
- 64卦を通して潜在意識から今、必要なメッセージを受け取る　192
- 64卦のメッセージの出し方　194

  ❶八卦の数字を知る　194

  ❷八卦の数字を出して、64卦の卦を立てる　194

  ●注意　195

- 易経　64卦　上経（天道）30卦　196
- 易経　64卦　下経（人道）34卦　206

- あとがき　～豊かに生きるということ～　218

  協力隊名簿　223

監修の言葉　224

自分を知り、自分を創る 易経の秘密　その①

自分は何者？

～「無極」という自分の源～

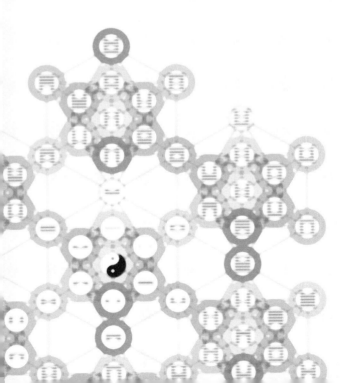

「先生、私、子宮が悪いんでしょうか？　どうしていつも着床しないんでしょうか？」と結婚してしばらく不妊に悩んでいた私は、心の中の痛みをそのまま、体外受精を担当していた医師にぶつけました。

先生の答えは、私の想像をはるかに超えたものでした。

「違うよ。これは運命的なものだ。生まれてくるべき命の受精卵には、光が宿っているんだよ。光があれば、必ずその命は生まれてくる。光が入っているかどうかは、人間にはわからないから、むやみに引き出そうとする。でも、私たちには命の誕生を決める力はない。だから昔から命は『天の授けもの』と言うんだよ」

——光。人は光の存在なのか？

その言葉は、私にとって衝撃的でした。妊娠が叶わないという現実は悲しかったけれど、その説明に妙に納得がいき、心がふっと軽くなったのです。人生で自分がコントロールできない領域があること、それを受け入れるということに安堵感を覚えました。

その日、クリニックを出て人混みの中で、すれ違う一人ひとりが光のように眩しく見えて、命の尊さを感じたものです。

そして、「光の存在である私はいったい何者だろう？」と自己探求の旅が始まりました。

その問いの答えを得たのが、それまで少しずつ学び始めていた「易経」だったので、さらに驚いてしまいました。

易経にはまさに宇宙・生命の誕生の秘密が隠されていたのです。宇宙・生命の誕生に対する探求が易経の扉を開かせてくれます。

では、ゆっくりと私たちの命を誕生させたその源にスポットを当ててみたいと思います。

自分の源——これはまさにこの世での最大な秘密で、これを正

易経の秘密　その①　自分は何者？　〜「無極」という自分の源〜

しく知ることが、最大の悟りにつながるのかもしれません。

　自分の源、つまり自分の本質に対する理解を深めれば、私たちは表面的に現象に一喜一憂しなくなり、あらゆる悩ましい人生問題も抜本的な改善が得られ、あなたの世界はきっと一変します。

自分は何者？

　自分は何者ですか？
　どこから、何のためにこの地球に来ましたか？
　そしてどこに向かっていますか？
　いきなりこんな哲学的な質問をされても、答えに困るかもしれませんが、ぜひこの問いを持ちながら、本章を読み進めてくださいね。

　思い返せば、私も子どもの頃「私はどこから来たの？」とよく親に尋ねました。

　親は決まって「あなたはね、橋の下から拾ってきたのよ」と言って、そのたびに私は悲しい思いをしていました…（泣）。

　大人になるにつれて「私はどこから来たの？」という疑問すらも忘れたまま、日々の生活に忙殺されながら生きてきたような気がします。そしてある日、「生死」を意識するような突発的な事件に見舞われた時、再び「私はどこから来たの？　何のために生きている

27

の？」という哲学的な問題に向き合うようになるのです。

たとえば山の麓に水が流れている光景を思い浮かべてください。この水はいったいどこから流れて来ているのかな…と、疑問に思ったことはありませんか？

つまり、目の前の山が遮ってその源が分からないわけです。

易経64卦中の第4卦 「山水蒙」はまさにこのような情景です。

人に置き換えて言うと、自分を生み出した源はどこなのか、本当の自分は何者か分からないのが「蒙」なのです。

こんな話があります。

ある女性が長い間、生き苦しさを抱え、ある日思い悩んで自殺をします。

女性の魂はあの世の入り口で、門番に質問されます。

「あなたは誰ですか」

女性は答えます。

「私は『まり』と言います」

門番は言います。

「あなたの名前を聞いてない」

女性はまた答えます。

「私は教師です」

門番は言います。

「あなたの職業を聞いてない」

悩んだ女性はまた答えます。

「私は、娘の『りな』の母です」

門番はまた言います。

「誰の母かは聞いてない」

このような会話が繰り返された後、門番は「自分が何者なのかわ

からない人はここには入れません。戻って自分を探しなさい」と言って女性を返すのです。

　現実世界で、自分は何者なのかを一度も知ることなく、あの世に行ってしまう人は多いようです。それは、生きているようで、本当の意味で人生を生きてないことになるのかもしれません。

　他人が期待する自分、誰かと比べる自分、人生のリスクを避けて安定志向の自分…そういう自分で生きていては、本当の自分と出会うことは難しいのかもしれません。しかし、自分は何者で、何のためにこの地球に来たのか…この答えを見つけるのはそう簡単なことではないはずです。

「蒙」は幼い、愚か、何事にも暗い、という意味があります。実際に私たちはこの世に生まれて自分について何も知らない「蒙」の状態から人生が始まります。

　自分の中にどんな種が埋め込まれているのか、どんな才能が開花して、どんな可能性を秘めているのか…「蒙」の状態では、それは想像もつかないものです。

　では、どのようにすれば自分を知ることができるようになるのでしょうか。

　日本には「人こそ人の鏡なれ」ということわざがあります。意味としては、自分の目に映る他人の言動は自分の言動を映す鏡のようなものということです。

　つまり私たちは他者との関わりや人生で体験する出来事、さまざまな学びを通して、自分を知り「蒙」を取り払っていくのです。

　たとえば私たちは暗い時、いつも光を求めていますが、じつは私たち自身が光そのものであることを知らないのです。人生の喜びを得るためにいつも愛を求めていますが、私たち自身が愛その

ものであることを知らないのです。そして豊さを求めてお金を外から稼ぎ入れようとしますが、私たち自身が財そのものであることを知らないのです。

知らないがゆえに、不安だから持っているものにしがみつき、欠乏感から外に求めてしまうのです。

ではいったい、自分とは何者なのでしょうか？

あなたは宇宙です。

「本当の自分」は自身が思うよりも遥かに壮大です！　じつはあなたは宇宙そのものなのです。

いきなりこう言われても、なかなかピンと来ないかもしれません。

私たちの限りある知識で「宇宙」というものを定義しようと思えば、それはとても難しいものです。それはあたかも、大きい木の葉っぱの上で生活する小さな虫が、木の全体を捉えようとしているのと似ているのではないでしょうか？

木というものは、葉っぱも枝も、幹も、根っこもあって全体を為していますが、小さな虫には葉っぱの平面しか見えていないので、木の全体像を把握するのは至難のわざです。

同じように私たちも自らの五感だけを通して宇宙全体を捉えようとすれば、さまざまな偏見が生まれるわけです。

あの世の入り口で門番に質問された女性のように、私たちもつい、自分の一部を自分そのものだと捉えがちです。

あなたは何者ですかと、木に尋ねたら、木はどう答えるでしょうか？　葉っぱと答えたり、枝と答えたり、根っ子と答えたりするでしょうか？

葉っぱも枝も幹も根っこも、そして木の中にある見えないエネ

ルギーもすべて合わせたのが木の全体なのです。

しかし、不思議なことに、木のどの枝をとって植えても同じ木が育ちます。ということは枝、幹、根っこ、そして葉っぱ一つひとつにも木の全体の情報があるということです。つまりそれぞれの部分が集まって全体を為していますが、一つの部分自体が、また全体を表現しているのです。

人間も同じように、各臓器、器官、細胞…などを合わせた統一体であると当時に、どの部分をとっても、その一つひとつに、また身体の全体の情報があります。

耳は身体にとっては一部分ですが、耳には全身のツボが集まっていると言われています。同じように、目、鼻、口、舌、手、足…どの部分からも全身の情報を読み解くことができます。血液からも五臓や全身の数値が表れます。

これを展開して考えていきますと、私たちは宇宙にとっては一部分ですが、私たちの中には宇宙の情報がすべて入っていると思いませんか？

その意味で、私たちの中に入っているすべての情報は、宇宙の叡智だとも言えます。

私たちはこの世に生まれて、外から常に何かを学んで知識を取り入れているように見えます。しかし先ほど話したように、私たちの中には宇宙の情報がすべて入っているので、じつは新たに学ぶことなんて一つもないとも言えます。学んだものに共感して、腑に落ちる感覚があるのは、じつは、すでに自分の中に入ってい

るものと共鳴して、思い出しただけにすぎないのです。

　つまり、自分の中に無限の智恵が眠っています。この無限の智恵を発見していくのが「啓蒙」なのです。

　私たちはまるで暗いものが覆いかぶさったように「蒙」の状態で生きているのかもしれません。「啓蒙」は「蒙を啓く」ことで、自分に覆いかぶさった暗いものを取り除いて、宇宙の叡智がすべて備わっている「本当の自分」に出会うことです。

　私たちには「肉体」という、目に見えて形があるものを持っています。だから目に見えて、形があるものをつい「自分」と定義してしまうかもしれません。

　姿形があるものはパソコンでたとえると、ハードウェアにあたり、ハードウェアだけではパソコンは機能しないのです。パソコンが機能するのは、その中に目に見えないソフトウェアがあるからです。同じように、私たちの中にある目に見えない心や意識が身体を動かしています。

　私たちの姿形は、本当の自分が創り出したアバターのようなもので、人生を体験するための道具なのです。目に見えなくて形のない部分こそが真の自分、命の本質だと言えます。

本当の自分はどこから？

　さて、この宇宙はどこからきたのでしょうか？

　宇宙は137億年前に現われた小さな「一点」が大爆発して、宇宙の森羅万象が形成されたそうです。これが有名な「宇宙のビックバーン」の話ですね。

　その一点の物質を生み出したのが、**易経で言う「無極」という世界**です。「無極」は目に見えて形あるものは、何も存在しません。

しかしながら何でも創り出せる創造の源で、光と波動の純粋な「陽」の世界です。

天が先にあったのか？ それとも地が先にあったのか？…と、疑問に思ったことがありませんか。それは、男が先にいたのか、女が先にいたの

かと疑問に思うのと同じような摩訶不思議な世界です。

天は陽、地は陰と分類できます。地は目に見えて形がありますが、天（空）は特定な形をもっていません。

目に見えなくて形がないものが「陽」、目に見えて形があるものが「陰」の属性になります。

「陰」は形がある物質という意味があります。すべての物質はなんらかの意図が働いて創造されたものなのです。創造されたものは、その奥に必ず創造の源があるはずです。創造の源こそが「無極」の形のない純粋な「陽」の世界です。

この観点から見れば、植物や動物、海や山や人間や万物の一切は、その源を辿れば、例外なくみんな、この「無極」から来たというわけです。

つまり、「陽」が「陰」を創り出しているということなのです。

ということで、天地・男女・陰陽どちらが先にできたかも、なんとなく想像できるようになったのではないでしょうか。

姿形があるものは創造した結果であって、創造の源は目に見えないところに潜（かく）れて、気づきにくいものです。多くの人は目に見える世界を実体と思っているようですが、本当は目に見える世界

こそが、創り出された仮の世界で、それを生み出した創造の源こそが実在していると言われます。これは近年、量子力学でも科学的な研究が進んでいるようです。

私たちが生きている三次元世界のすべてのものが無極から生み出されたのですが、私たちは葉っぱの上で生きている虫のように、宇宙の全体像が捉えられないためについ、目に見えて形があるものを本物だと思い込んで執着してしまいます。私たちは往々にしてその創造された結果をいじくりまわして、結果を変えようとして一喜一憂するのです。

あらゆる現象を生み出した源から着手すれば、人生は、確実にコントロール可能なものになります。

では無極の中のどの存在がこの宇宙を創造したのでしょうか？

信じがたいかもしれませんが、答えは「あなた自身」です。あなたも創造主の一部なのです。今の肉体が存在するずっと前から私たちは「意識」として、無極の中で実在していたのはゆるぎない真実です。

無極にあるその意識を「宇宙意識」とも呼びます。すべてのものを創造する「宇宙意識」は一つしかないのです。その一つの意識から私たちの人間の肉体も含めて宇宙の森羅万象が生み出されていくので、それはものすごいパワーの持ち主です。このパワーを意識さえすれば私たちはもう無敵になります。「宇宙意識」は「神」とも言われていますので、私たちはみんな神の一部分ということにもなります。

人間、動物、植物など森羅万象はまったく別々のもののようにみえて、じつはその源は同じで、一つのエネルギー、宇宙意識から生じて来ているのです。死というのは命の回帰で、万物の同じ源

易経の秘密　その①　自分は何者？　〜「無極」という自分の源〜

の無極の世界に戻ってまた一つになるということです。

このような観点から観るとすべてのものや人は全部つながった統一体なので、厳密にいうと他人はいないのです。他人は別の自分でもあります。現実世界の苦しみの多くは自分と他人を分けた分別心から来ています。

無極の一つのエネルギーから、太極、陰陽の二元の世界が生み出され、太極の中の陰陽の相互作用で、四象・五行の氣 * **が生じ、四象・五行の氣の相互作用で、八卦**（天・沢、火、雷、風、水、山、地の八つの自然現象）**が生じ、そして八卦同士の相互作用で六十四卦**（森羅万象、さまざまな現象）**が生じたというのが、易経でいう宇宙万物の成り立ちです。**

これは人間の肉体を創るとき、一つの細胞が二つに、二つが四つに、四つが八つにと細胞分裂を繰り返しながらさまざまな器官、組織を創り上げているのと同じ原理です。

古代の老子はこの宇宙の生成をもっと簡潔にまとめています。

無極

太極

四象（五行）

八卦

六十四掛

＊四象は四つの方位と季節の氣、五行は四象に中央と土用の氣が加わる。

道徳経第42章には下記のような記述があります。

「道が一を生じ、一が二を生じ、二が三を生じ、三が万物を創造する」

道は無極、一は太極、二は陰陽、三は陰と陽が交じり合って創り出したものを意味します。

つまり、万物はすべて無極が生み出した陰陽のエネルギーの相互作用によって姿を現してくるのです。この陰陽の相互作用の過程が人間世界の「吉」・「凶」、そして運命にも影響を及ぼします。

何のために生きている？

では、私たちは何のために自分の肉体を創り、その肉体が存在する空間、時間も創造したのでしょうか？

それは、無極の中の智恵、創造力、パワーを、肉体をもって体験的に知るためなのです。

宇宙意識は無極の絶対的な世界では、平和すぎてちょっと退屈していたのかもしれません。

光と愛であふれる素晴らしい世界にいても、相対的なものがなければそれを体験できないのです。だから、目に見えない波の世界に対して、目に見える物質世界を創り出し、陰陽対立の相対的な時空の中で体験の旅に出たのです。

こうして、愛の反対の不安の世界が創られ、不安があるから愛が体験できるという設定になっているようです。そういう意味でこの地球は、私たちが体験をするために創った巨大なアトラクションなのです。そして自分の体験したい項目や職業に合わせて自分の肉体（アバター）を自ら創り上げています。だから人は美容整形をすれば、今世何をしに来たのか忘れてしまう事もあるよ

うです。

　私たちの本質である意識（魂）はさまざまな体験をしたがります。もしかしたら、形のない世界では味わえない不安や苦しみさえも、この現世で身をもって体験したかった項目なのかもしれません。

　また、体験したい項目を選んで来ているのだから、人生の目標は人それぞれのはずです。たとえば、今世では大富豪の体験を選んでいる人もいますし、貧乏を克服する体験を選んだ人もいるかもしれません。幸せな体験を選んだ人もいますし、あえて辛い体験を選んだ人もいるかもしれません。こうして人間としての宿命が定まっていくのです。

　しかし、私たちが地球に来た時、人間の体験をより楽しむために、本当の自分を一旦忘れる仕組みになっているようです。

　だから多くの人は自分が何者なのかということも考えず、自分の中にすでに備わっている無限の「創造力」をきれいさっぱり忘れてしまいます。そして外の世界にある表面的に現象化したものに囚われ、不足感に陥り、不安や苦しみを味わうことになるのです。

　もし、あなたが長い間ずっと不安や苦しみを感じているなら、それは「本当の自分」とかけ離れた生き方をしているからなのです。

　では、「本当の自分」はこの地球上でいったい何を体験したかったのでしょう。

　私たちは往々にして、友人と持っているものや人生の成果を比較してはいないでしょうか。高速に乗ったかのように、すごいスピードで次元上昇している友人を見て、自分も慌てて、追いかけて高速に乗ろうとしていますが、いざ高速に乗ってみると、どこに行っていいか分からない、そんな状況に陥って人生の迷子になることも多々あります。

魚は水の中にいることが自分らしくて、幸せなことですし、鳥は空で自由に飛び回ることが幸せなことです。自分の源と繋がって、自分の本来の正しい居場所で、やりたいことをすれば、人生楽で幸せなものです。

　自分の本質を理解した人は無駄な心配はしません。大きい安心感に包まれていていいのです。

　たとえ、意に沿わないことが起きたとしても、困難に見舞われたとしても、すべての現象は自分で創っているのだから、気に入らなければまた創りなおすことができることを知っているからです。

引き寄せの法則

　自分の本質に対する理解が進めば、ゆるぎない「信念」をもつようになり、自らの人生を創造していく喜びを感じずにはいられないものです。

　引き寄せの法則は多くの人に知られて、実践している方も多いでしょう。でもいくら思考の中でイメージしてもなかなか引き寄せられないという声もまた多いようです。本当に引き寄せられるのは、根底にゆるぎない「信念」を持ち続けるかどうかなのです。多くの人の願いが叶わないというのは、深い意識の中で信じ続けることができなかったことです。無邪気に信じ続けたものが、時が来たらやがて形となって現れてきます。これが無極の意識から太極の物質を生み出すエネルギーなのです。

「信じる」ということは、未だ科学的に説明することは難しいものですが、それは、自分の源に対するゆるぎない信頼感というものかもしれません。

　ブッタが悟りを開いた時、こんなことを言っています。

易経の秘密　その①　自分は何者？　〜「無極」という自分の源〜

「奇なるかな。奇なるかな。一切衆生悉く皆如来の智慧と徳相を具有す。ただ妄想・執着あるを以ってのゆえに証得せず」

意訳しますと「不思議なことに。不思議なことに。すべての人には、如来と同じ智慧と徳相をもっている。しかし、仮の現れである自分のからだが、自分自身であるという妄想をもっていてかつ、それに執着しているために、自分自身が『永遠の命』であることをわからずにいるのだ」。

私たちにはブッタと同じ智恵と素晴らしい能力が備わっています。それを知らないのが「蒙」という状態なのです。本当の自分を正しく知るということが「悟り」というものかもしれません。悟りというのは「無極」の源と繋がり、天人合一する、ということだとも言えます。

とは言え、あまりにも素晴らしいものは、なかなか信じ難いものです。

言葉を理解しても、その内容まで理解できるとは言えないかもしれません。どうも人は自分が実体験したものでしか、理解することができないようです。

「自分」の「自」は「源」という意味だそうです。私たちはみんな「無極」という源から来ていますが、有限な言葉では無限を表現することはできません。だから本当の自分を理解するのは容易なことではないのです。

❸ 認知が変われば世界は一変する

　般若心経という仏教のお経の中に「遠離一切転倒夢想」という
言葉があります。

　私たちはよく偽りのものを本物だと思ったり、本物を偽りのも
のだと思ったりして、物事を逆さまに捉えることがあります。私
たちはそんな自分が作った認知の世界に住んでいます。もし今、
苦しい、辛いというすぐにでも手放したくなる感情があるなら、
自分の意識の中にどんな認知が作られているのか、潜在意識の中
にどんな暗示が入っているのかをよく観察する必要があります。
その認知を転覆させれば、見える世界は一変します。

　自分が何者なのか、自分は何者になりえるのか人生の道で探求
し、自分を創造し、創造した結果を味わう過程が人生なのです。

　問題は、自分を体験するにも相手がいないと自分は何者にもな
れないですし、何も体験できないですね。先生としての準備がで
きた時に、生徒が現れ、医者としての準備ができた時に患者が現
れると言われます。

　私たちが人生で出逢える人、遭遇する出来事すべてが、自分を
知るためのチャンスを与えてくれ、自分を創りなおすきっかけを
くれます。

　人生で大切なことの一つは、課題を読み解く能力そのものです。
課題を読み解くことができるならば、すべての人や出来事はその
課題を円満に解決するための協力者になってくれます。現実世界
で喜びを与えてくれる人、悩ませてくれる人すべての人が私たち
の感情体験に協力してくれて、自分は何者になりたいかを導いて
くれる有難い存在となります。

人生の課題を「天命」とも言います。今世の人生で体験したい項目、それさえ十分わかっていれば、どんな些細な仕事であっても喜びの気持ちで取り組むことでしょう。

人生の成功者の定義は、お金持ちになって、社会的な位置を高めるということだけではないようです。自分の「天命」を生きて、そこから得る喜びを体験することが真の人生の成功者と言えるのではないでしょうか。

自分の中に「宇宙意識」という高次元世界が潜れています。

その高次元世界から来ているメッセージが私たちの直観であり、私たちの人生をいつも正しくナビケーションしようとしています。

人生を幸せにする魔法のスイッチ

自分の本質に気づき、その源につながることができれば、健康、人間関係、そして生き方において、驚くような大きな変化が訪れます。

たとえば、スマートフォンには電話をかけたり、音楽を聴いたり、写真を撮ったりする機能がたくさんありますが、電源が入っていなければただの物体に過ぎません。同じように、私たちも自分の本当の姿を知らないままでは、まるで電源の入っていないスマートフォンのように、本来の力を発揮できないのです。

人生を幸せにする魔法のスイッチはあなたの中ですでに備わっています。あなたはただ、そのスイッチを押すことを決めることだけで

す。そのスイッチさえ押せばすべてが正しく導かれていきます。

● 健康面

❶命に対する全幅の信頼

　身体の細胞一つ、血液一滴も人間の意識で作れるものではなく、呼吸、脈を打つ、消化や排せつなどの機能も人間の意識でコントロールできるものではないのです。

　私たちの命は宇宙意識が無から創りあげたもので、全自動でかつ完璧に働いてくれています。この命に対する全幅の信頼をおいて、自然の動きに対して邪魔さえしなければ、みんなどこまでも健康になれるのです。

❷潜在意識に邪念が入らないよう守る

　宇宙意識が私たちの潜在意識となり、潜在意識で受け入れた観念が外の現象を作っているので、病気もまたその潜在意識の中に入っているものが作ったともいえるのです。潜在意識の力は絶大なものがありますので、その中によくない暗示が入ってないか注意深く観察して、邪が入らないように意識的に守ってあげることも大切なのです。

❸服用するなら「笑いと安心」という薬

　世界で一番よい薬は「笑いと安心」という薬です。笑いによって幸せホルモンが分泌して、大いに免疫を高めてくれます。また、病気をしたとしても、自分の生命力・治癒力を信じて、安心して待つことができるならば完璧に修復してくれます。細胞も血液も骨さえもある一定の時間で総入れ替えになるので、病気の意識を引きずらない限り健康はいつでも取り戻すことができます。ここでも大切なのが、病気は回復するというゆるぎない「信念」なの

です。

❹最高の健康管理は「天人合一」「神我一体」

「天」も「神」も大いなる存在で、私たちの源にある「本当の自分」です。

本当の自分と一体でいることが、もっとも自然体なことで、その状態になった時、私たちは出荷したばかりのパソコンのように初期のピカピカの状態に戻ることができます。

ハワイに古くから伝わる問題解決の方法が書かれた「ホ・オポノポノ」の本の中では、「ごめんなさい、許してください、ありがとうございます、愛しています」という四つの言葉を繰り返すだけで、健康問題も含め、すべての問題が解決すると書かれています。

どうしてそうなるのかの解釈を入れると、「ごめんなさい、許してください」というのは「完全な自分、創造主で神である自分」の意識から離れてしまい、無意識に望まない状況を作りましたという意味での「ごめんなさい。許してください」で、「ありがとうございます。愛しています」は、これから本当の自分、神である自分と合一して一体となります、という宣言の言葉であるのです。これは実際に大きい効果があるようです。

❺病気は不幸という概念を手放す

病気は悪くて不幸なことという概念が一般的にあるかもしれませんが、この概念も手放しましょう。病気の経験はより丈夫な身体を手に入れて、霊性を高めるための大切な経験にもなります。病気は、内面を見つめて、人生を大きく軌道修正するきっかけにもなります。だから病気になったら、しっかり病気を感じて、味わって、そこから学びましょう。

● 人間関係

❶本当の自分と一体となって生きている人は、自分が完全な存在であることを知っているがゆえに、不足・欠乏感がないので惜しみなく人に与えることができます。与えたものが、循環して自分に戻ってくるというのも宇宙の摂理です。

❷自分の本質を理解したら、自分の不足を誰かに満たして欲しいという期待がなくなるので、心が無限に自由になり、人間関係がとても楽になります。

❸あらゆる人間関係は自分を創り上げる経験として、捉えられるので、あらゆる人に感謝の気持ちが持ちやすくなり、円満な人間関係が作りやすくなります。

❹他人と自分との分別心がなくなるので、心がとても平和になります。

❺自分軸を持ちやすくなり、他者の評価を気にしなくなるので、余計なストレスがたまらなくなり、健康にもとても良い効果を発揮します。

● 生き方

❶本当の自分と一体になったら心が常に安定し、日々の現象に一喜一憂しなくなります。

❷人生のすべての時間を、自分自身を創り上げる歓喜の体験とすることができます。

❸困難な時も信念を見失うことなく、困難を生かして人生を大きく転換できるパワーを発揮します。

❹自分に対する好奇心をもち、さまざまなことにチャレンジして、

自分の能力を開発することに喜びを見出しやすくなります。
❺より高い視点で物事を洞察することができるので、物事の規律を見出しやすく、仕事や人間関係でも成功しやすくなります。
❻本当の自分で生きるのが、自分らしく一番自然体なことなので、一番楽な生き方になります。

● 本当の自分と出会うためのメソッド

❶なるべく多く静寂の時間を持ちましょう。仕事や遊びでいつも忙しくしすぎると、自分の内面に立ち返ることができなくなります。心を静め無極の「本当の自分」と繋がることをイメージしましょう。

❷自分はどうなりたいのか、何をしたいのか、何が欲しいのかに常に意識をフォーカスしてみてください。

❸感情は「魂の言語」と言われます。感情が動いたところから「本当の自分の意図」を探ってみてください。

人生体験は私たちの魂が設定した人生ゲームだとも言えます。だから魂が欠席した人生ではならないのです。魂の喜びを意識してしっかり人生を味わって、楽しむことが、本来の人生の目的なのではないでしょうか。

自分を知り、自分を創る 易経の秘密 その②

一陰一陽これを道と謂う
～心が無限に自由になる～

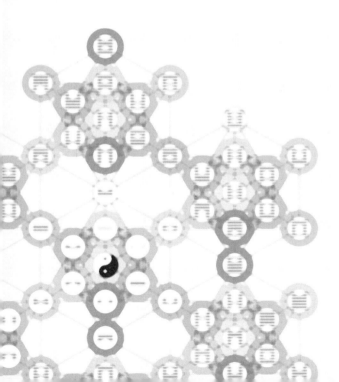

陰陽はセットでできている

　健康になりたいと強く思う人ほど、体調が不安定になりやすく、正義感が強すぎる人ほど周りにトラブルが増え、極端に明るく振舞っている人ほど、心に闇を抱えている傾向があるとお気づきではないでしょうか？

「一陰一陽これを道と謂う」、これが易経の真髄です。陰陽はセットで成り立っていて、常に一つの全体として存在している法則です。

　男がいなければ女もいない。女がいなければ男もいない。生がなければ死もない。死があるからまた生もある。このように男女・生死・善悪・明暗・白黒など相反している属性のものはセットでできているのです。

　昼と夜のセットが1日で、春夏と秋冬のセットが1年ということになりますね。地球上の男女の比率が大概半々でできているのも、思えば不思議なものです。

　中国では自分のパートナーの事を自分の「もう半分」と言います。

　陰陽はセットでできている、だからこそ、健康に対する執着が強ければ強いほど病気になる不安が顔を出しやすくなります。善を強く主張すればするほど、悪が目につきやすくなります。すごく元気で明るい人ほど、落ち込む時の振り幅も同じようになるものです。どちらかの一念に強く偏ったら、その反対側も強く現れてくるのです。光が強ければ影もまた強くなるものです。

易経の秘密　その②　一陰一陽これを道と謂う　〜心が無限に自由になる〜

　なぜ、陰と陽がセットでできているとかといえば、もともと陰陽は無極の中の一つのエネルギーから二つのエネルギーを生み出しているので、陰陽合わせたものが「一」で、本来は分割できない全体なのです。この陰陽を合わせたものを「太極」といいます。

陰陽太極図

　つまり太極は「一」で、この一の中に「陰陽」という「二」が含まれているということです。

　一が二に分かれたわけではなく、一が二を生じたというところに重大な意味があります。

　陰陽を合わせたものが太極なので、天地、男女、水火などのすべての陰陽の組み合わせは太極を為し、すべての陰陽はいつも一つのペアとして存在しているということになります。

❖易経の秘密は陰陽の法則

　歴史を紐解くと「陰陽」の定義をしているのが7000年前の伏羲でした。

　伏羲は中国古代の三皇五帝の一人でした。人間の頭に蛇の下半身と言われた伝説の人物ですが、中国の歴史上では実在した人物とされ、中国人文の始祖と言われています。伏羲には双子の「女媧」という妹がいますが、なんとその妹と結ばれて子孫を作ったという摩訶不思議な神

歴代君臣図像の伏羲
（国立国会図書館蔵）

49

八卦図

話があります。日本創造の兄妹神イザナギとイザナミと同じように、伏羲と女媧は中国の創造神だったのかもしれません。

伏羲は仰いで天の運行の状態を観察し、伏して大地の形勢を見ながら、陰陽の符号（陽―／陰 --）を作り、八卦図を創造しました。この陰陽八卦では宇宙の法則を体系的にまとめており、中国文明の根源となりました。のちにできた占い（予測学）、命理学、風水、中医学、薬膳学などもこの陰陽八卦の理論を拠り所として、それぞれの術を生み出すことができたのです。

日本では「当たるも八卦、当たらぬも八卦」という言葉があり、占いを連想させるのですが、正しくその意味を知っている方は多くはないかもしれません。じつは八卦図は天・地・雷・風・沢・山・水・火の八つの自然現象を象って作られて、あらゆるものの奥にある陰陽のエネルギーの属性や関連性を通して、宇宙の法則を説いた図になります。

伏羲は文字がない時代、陰陽の符号（--、―）を創りましたが、これを文字化したのが孔子でした。孔子によって2500年前に陰陽・太極の名前が付けられて以来、これが一度も変えられることはありませんでした。

太極の「太」は「大」と「小さい」を意味する「、」を組み合わせた言葉です。

易経の秘密　その②　一陰一陽これを道と謂う　〜心が無限に自由になる〜

　これには、宇宙の中のどんなに大きなものでも、どんなに小さなものでも、すべてが陰と陽の性質を持ち合わせて存在しているという意味が込められています。

　たとえば、大きな視点で見ると、天地全体が陰陽を合わせた一つの太極です。小さな視点では、男女の関係も一つの太極です。そして、もっと小さな視点で見ると、人の体の中にも無数の太極が存在します。

　目に見えるものは「陰」、目に見えないものは「陽」の属性に分類されます。私たちの命も、目に見える体と、目に見えない心や魂で成り立っており、これが一つの太極となります。

　さらに細かく見ると、私たちの体の中にある臓器（肝臓、心臓、脾臓、肺、腎臓）も、それぞれ形を持つ「陰」と、目に見えない「陽」の生理機能を持っています。たとえば、肝臓には「肝陰」と「肝陽」、心臓には「心陰」と「心陽」といったように、それぞれが陰陽の性質を備え、各臓器自体も太極を成しているのです。

　そして、私たちが健康に生きていくために必要なのは「氣・血・水」という陰陽のエネルギーです。このエネルギーのバランスが取れていることが、体の健康を保つ鍵になります。

　宇宙は陰陽のバランスで成り立っている大きな太極であり、私たち人間もその一部です。

　私たちの命は、大宇宙と比べたら小宇宙であり、大宇宙と小宇宙、スケールは違いますが、万物は陰陽の組み合わせで存在している以上は、どんなに大きいものでも、どんなに小さなものでも

「陰陽の法則で成り立つ」という共通の原理が働いています。

どのようにして美味しい料理を作るのか、健康を保つのか、人生の成功を勝ち取るのか、いい人間関係を作れるのか、良い恋愛、結婚をすることができるのか…これらの問題は別々のもののように思えてじつはすべての原理は同じなのです。**それは陰陽のバランスを合理的に調整することです。**

さまざまな方法論を求めて、私たちはいろんな学びをしますが、一般的な方法論は人が創造したものなので、自分に通用しないことが多々あります。表面に現われた現象を観ながら、その現象の裏でどの原理が働いているのか、その本質さえ理解すれば、自分に合った方法論を、自ら生み出せるようになります。

☯陰陽の法則を知って、運命の主人に！

多くの人が抱える悩みは、「変化」を理解していないことから生まれます。未来がどうなるかわからない、どうして人間関係がうまくいかないかわからない、体調がなぜ悪くなるのかがわからない、これらの「わからない」が悩みや苦しみにつながります。

病気になった時、その病因が分からなかったら、よく「原因不明の病気」と言われますね。私たちの身体の中にある陰陽のエネルギーの働きと、陰陽のバランスがどう影響しているのかを知らないと、病気のほんとうの原因を理解することはできません。

じつは、健康も病気も生理現象の一部です。「生理現象」や「自然現象」、「気象」など、名前に「象」がつくものは常に変化しています。健康だった人が病気になることもあれば、病気だった人が健康を取り戻すこともあります。この「象」は常に変わり続け、止まることがありません。

では、なぜ物事は変化するのでしょうか？ それは、異なる性質が交わることで変化が起こるからです。つまり、陰と陽が交じり合うことで変化が生まれるのです。

どれだけ科学が進んでも、男性同士、女性同士では子どもをつくることはできません。男性と女性が交わることで、子どもという大きな変化、つまり、新しい命が誕生するのです。

ただし、どんな変化にも、必ずその裏に変わらない法則を伴っています。この法則を知ることで、私たちは変化に対してもっと理解を深め、悩みを解消することができるのです。

「易経」を一言で表すと、「変化の法則を教える本」です。

易の三義

易経では、変化には三つの意味があるとされています。それが「変易」、「不易」、「簡易」です。

「変易」は、自然現象や生理現象、気象など、すべてのものが絶えず変わり続けているということです。たとえば、昨日と今日の空模様が違うように、人間の身体の細胞も日々変化しています。

「不易」は、どんな変化にも、必ず変わらない自然の法則や規則が伴っているということです。たとえば、春が来て命が芽生え、夏に成長するという流れは、何億年たっても変わらない摂理です。自然の法則や摂理、規律のような変わらないものが物事の本質という

ことになります。

「簡易」は、変化は必ず不変の法則に従っているため、この法則を理解すれば、将来の変化を予測できるということです。この法則を生活に応用することで、さまざまな問題を解決する手段が簡単に見つかります。さらに、変化の法則を使えば、望む結果に向けて前もって準備ができ、人生に多くのチャンスを作り出せます。

このように、変化の法則を理解し実践することで、人生をよりよくコントロールできるようになるのです。

変易は勝手、気ままに変化するのではなく、宇宙の最高原理（神）に基づいて変化をしているのです。

変化には必ず、法則が伴っている以上、原因があればその結果は予測がつくものになります。と言うわけで易経は予測学（占い）の分野で大いに活用されています。

この陰陽変化の法則は物事の誕生、成長・発展、衰退、そして次の循環に入っていくすべての過程で働き、命の営みの秘密が隠

変 易 ➡ **現象**
(自然現象・生理現象)

不 易 ➡ **本質**(自然の規律・摂理・法則)
春の次は夏、夏の次は秋というように
自然の変化の中にも一定不変の法則がある

簡 易 ➡ **方法論**(不変応万変)
法則を実生活に応用することで、人生のチャンスを得る

易の三義

されています。

「よく易を為めるものは占わず」というのは、宇宙の最高原理である「不変」をもってさまざまな現象である「変化」に対応することができれば、占う必要もなく喜びの多い人生にすることができるということです。

易を学ぶ目的は、自然の陰陽変化の法則を学び、運命を知るだけでなく、自然の規律を応用することで、吉凶を超越して、自らの運命の主人になることです。

「易経」は、単なる予測の学問にとどまらず、その原理（易理）を通して、哲学や健康、医学、物理学、自然科学、人間学など、あらゆる分野で共通する宇宙の本質や万物の原理を探求できるものです。

世の中には多くの学問が存在し、すべてを学びきるのは難しいかもしれません。しかし、すべての学問に共通する原理は「陰」と「陽」であり、さまざまな角度から、本質的には一つの真理にたどり着きます。このように、究極的な真理はとてもシンプルです。「一陰一陽これを道と謂う」という言葉が示すように、陰陽の調和こそが、すべての物事に共通する原理であり、これこそが道（真理）なのです。

陰陽のバランス感覚が人生を整えてくれる

物事は、陰と陽という二つのエネルギーの組み合わせによって成り立っており、これらが交わることで変化が生まれます。しかし、変化は電気のスイッチをオン・オフするように急激に明るくなったり暗くなったりするものではありません。

たとえば、一日を見てみると、夜が次第に明るくなり朝を迎え、

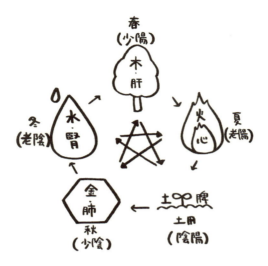

朝から昼にかけて陽のエネルギーが徐々に増していきます。

陽のエネルギーの中にも「少陽」(小さな陽)と「老陽」(大きな陽)があり、陰のエネルギーにも「少陰」(小さな陰)と「老陰」(大きな陰)があります。この陰陽のエネルギーの展開が、さらに「五行」と呼ばれるエネルギー体系に発展します。

五行では、少陽のエネルギーを「木」、老陽のエネルギーを「火」、陰陽が交じり合う中間のエネルギーを「土」、少陰のエネルギーを「金」、老陰のエネルギーを「水」と名付けています。

この五行のエネルギーが常に作用することで、自然界では春に芽吹き、夏に成長し、秋に収穫し、冬に閉蔵するという四季の特徴が現れ、生命の営みが生まれます。

また、木火土金水の五行エネルギーは、四季だけでなく私たちの五臓(肝・心・脾・肺・腎)にも対応しており、そのバランスが私たちの健康に深く関わっています。

易経の秘密　その②　一陰一陽これを道と謂う　～心が無限に自由になる～

　五行の「五」は、五つの異なる「氣」の種類を意味し、「行」は運行や変化を表します。五行のエネルギーは常に変化し、春から夏、秋、冬と移り変わるように、動き回る中で大きくバランスを保とうとしています。

　たとえば、夏なのに暑くなかったり、冬なのに寒くならなかったりすると、五行エネルギーのバランスが崩れ、地球全体の調和や人間の健康に影響を与えることがあります。

　五行論は、この五つの氣の特性とエネルギー同士の関係性を通じて、宇宙の摂理を解説しています。陰陽五行のバランスを理解すれば、健康や人間関係、生活のすべてにおいて、調和のとれた無理のない人生を楽しむことができるのです。

● 健康面

❶身体と心の統一

　目に見える「身体」は陰、目に見えない「心」は陽の性質を持っています。そして、陰陽は常にセットで働いているので、身体と心が分離してしまうことが、じつは大きな健康問題を引き起こします。

　たとえば、気持ちが乗らないのに身体だけが頑張って動いているような「心ここにあらず」の状態が長く続くと、身体が緊張し、氣（エネルギー）の流れが悪くなって、陰陽のエネルギーバランスが崩れてしまいます。このバランスの乱れが病気の原因となり、生命に危機をもたらすこともあります。

　反対に、心と身体がしっかりと一体となっていると、身体の緊張がほぐれ、神経や血管もリラックスしやすくなります。その結果、宇宙からのエネルギーもスムーズに体内に入り、元気がみな

57

ぎるようになります。

❷健康の原則は陰陽のバランス

身体の中のエネルギーにも、陰と陽があります。陰のエネルギーは血や水のような「目に見える」物質的なエネルギーです。一方、陽のエネルギーは「氣」と呼ばれる、目に見えないエネルギーです。

陰である血や水は、命を維持するための物質的な基盤を作り、陽である氣は、消化や吸収、排泄など、身体のさまざまな機能を支えています。

陰と陽のどちらかのエネルギーが過不足の状態に偏りすぎると、体調を崩してしまうことになります。健康は、この陰陽のバランスによって保たれているため、日々の過ごし方、考え方、食事なども陰陽のバランスを考えることが大切です。

❸飲食・生活の中での陰陽のバランスを整える

運動が体に良いと聞くと、無理に運動を続ける人もいますが、これは場合によっては危険です。なぜなら、運動は「陽」の行為であり、陽が過剰になると、その反対の「陰」、つまり体内の血や水を消耗してしまうからです。

十分な睡眠や食事をとり、健康な状態の人が運動するのは体に良いですが、もともと血液が少ない貧血気味の人や、体が乾燥している人が運動しすぎると、かえって体調を悪化させる可能性があります。このような場合、無理に動くよりも、休息をとって「陰」のエネルギーである血や水を養うことが重要です。

また、食べ物は「氣」の集合体なので、体に取り入れた後、陰陽どちらかのエネルギーを補ったり減らしたりする働きがあります。食べ物の氣の性質を理解して、自分の体調に合わせて、陰陽のバランスを整える食材選び、食べ方を心掛けることが大切です。

❹自然の陰陽のリズムに合わせて、自分の陰陽を整える

　１日や１年の中には、それぞれ「陰」と「陽」の時のリズムがあります。自然界が陽のエネルギーを与える時には、その陽のエネルギーを受け取り、陰のエネルギーが強い時には陰のエネルギーを受け取ることが大切です。

　たとえば、昼間は外で活動することで陽のエネルギーを得ることができ、夜は休息や睡眠をとることで陰のエネルギーを養うことができます。日々の生活で、この陰陽のリズムに合わせることを心がけると、体内の陰陽バランスも整い、健康を保ちやすくなります。

● 人間関係

❶陰陽は惹かれ合う

　陰陽は惹かれ合う性質があるので、自分の性質と違う人に自然と魅力を感じて引き合うようになります。ポジティブの人はネガティブの人を引き寄せやすく、ネガティブの人はポジティブの人に魅力を感じやすくなります。

　私たちの人間関係においても、いつも「一陰一陽」の原則が働いています。

　ポジティブ志向の人とネガティブ志向の人が引き寄せられて、パートナーになる場合が多いですし、通常の人間関係でも引っ張っていく人と引っ張られていく人もセットになっていますね。

　一つの会社の中でも、能力が優れた人とそうでない人の組み合わせで組織になっています。もし全員優秀な精鋭部隊であれば、組織はうまく機能しません。なぜなら同じ性質ばかりでは変化が生じにくいので、発展が難しくなります。

❷偏った考えや観念をもつと、その反対側の偏りの人を引き寄せる

　相手は自分の合わせ鏡という法則があります。偏った考え方や観念をもつと、その反対側の人を引き寄せやすくなります。心理学でみても、凸の人に凹の人が引き寄せられるようになって、共依存の関係性を作りやすくなります。

　健康的な人間関係を築くには、自分の考えや概念がどちらかに偏らない中庸に近い状態でいることです。中庸に近い状態であれば同じような、バランス感覚にすぐれた人と引き合うようになるのです。

❸良い・悪いをジャッジしなくなるので、心が自由になる

「一陰一陽」を理解すると、これはよいこと、あるいは悪いこと、といったジャッジをしなくなるので、あらゆる人やものに対してその存在意義を認め受け入れるようになります。そうすると自分の心が平和になり、人間関係の悩みやストレスからも解放されることができます。

❹行動の裏の感情やニーズを観ることができる

「一陰一陽」を理解することで、人間の表面と内面を同時に観ることができるようになります。たとえば、友人がいつも強気な態度を見せているとします。一見、自信満々であるように見えますが、その裏には不安やプレッシャーを感じている可能性があります。

　この場合、強気な態度は「陽」にあたりますが、その裏にある不安やストレスは「陰」として理解できます。このように表面的な態度だけでなく、その背後にある感情やニーズに目を向けることで、より深い人間関係を作り出すことができます。

● 生き方

❶「一陰一陽これを道と謂う」は物事の全体性を捉えるのに、とても役に立つ考え方になります。物事にはすべてに表と裏があって一つの全体を為しているので、表面的な現象だけでなく、裏を含めて、物事の全体像を掴みやすくなります。

❷「損して得とれ」という日本のことわざがあります。一見損したように見えても結果的に得をすることがあります。逆に得をしたと思っても結果的に損することもあります。物事を長いスパンで観た時、損することが得することでもあり、得をすることが損することにもつながります。これが分かると目の前の表面的な損得に一喜一憂しなくなります。

❸人は深い悲しみや苦しみを経験することで、その反対の深い喜びや幸せの価値をよりいっそう感じて、味わうことができるようになります。

❹何事にもバランス感覚が持てるようになり、人生で大きい失敗は免れるようになります。

● まとめ

私達は常に正誤、善悪、上下などの二つの相対立する概念で物事を考え、定義し、理解しようとしていますが、「一陰一陽これを道と謂う」が理解できれば、陰陽二者対立の世界こそがさまざまな価値観や変化を生みだし、森羅万象の繁栄に繋がることがわかるようになるので、心がとても平和で穏やかになります。「一陰一陽これを道と謂う」これが、自然のありのままの姿なのです。

陰陽合わせたものが「太極」、太極の徳は「中庸」です。どち

らにも偏らない「中庸」の境地が陰陽の調和の知恵です。身体の不調も、陰陽どちらかのエネルギーの偏りによって起きるものなので、すべてにおいて過不足なく中庸にもっていくのが、人生そのものを自然体に健康にしていく秘訣でもあるのです。

　そして私たちの共通した本質が太極だからこそ、どちらかの一念に偏らず、すべてを認めて共存する大きい心を持てば、心の世界も無限大に広がり、より自在に生きられるのではないでしょうか？

　しかし、太極の中に陰陽があるかぎりは変化があるので中庸は「常」でなく、常に目指すものかもしれません。満月と新月のように、満ちては欠けて、欠けては満ちて、常に動きながら、大きくバランスをとることこそが自然の動きなのです。

● 問い

　陰陽を一つとして理解したら、考え方、生き方にどんな変化が訪れそうですか？

自分を知り、自分を創る　易経の秘密　その③

陰陽交感

～生命の誕生と健康と若さの秘密～

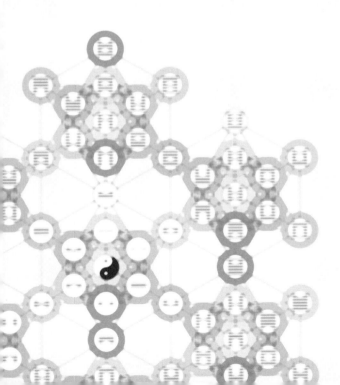

生命の誕生

　新しい命の誕生は、男女の精が交じり合うことからはじまります。なんてシンプルで神秘的な法則でしょう。男は陽、女は陰に属しますが、陰陽が交じり合うと「新しい命の創造」というものすごい変化を起こします。

　7000年前の伏羲が仰いで天の運行の状態を観察し、伏して大地の形勢を見ながら、宇宙にある二つの異なる勢力を陰陽と定義しています。天は陽、地は陰を表しますが、古代の中国では、天地陰陽に関する地球誕生の神話があります。

　それによると、元々天地はそれぞれの形は持ってはおらず、鶏の卵のように、ひとかたまりで混沌としていたそうです。盤古という創世神によって天地が開闢し、天がますます高くなって陽になり、地はますます厚くなって陰になり、天地の気が交じり合っている間に万物の生命が誕生したというお話です。盤古の左目が太陽に、右目が月に、吐息や声が風雨や雷に、肉が田畑に、血が河川に、髪の毛が草木に…というように、盤古神の身体から万物ができたというものです。

　神は自分のかたちに似せて、人間を創ったという説もありますので、宇宙にあるものがすべて私たちの身体にもあると言う訳です。**こう観ると「我即宇宙」「宇宙即我」というのはなんとなく想像できるようになるのではないでしょうか。**

　私たち人間が宇宙そのものだからこそ、自己探求がじつは宇宙の探求だと思えますし、なんだかそれにロマンさえも感じますね。

　易経は「宇宙の法則の本」とも、「神さまによる宇宙の設計図」とも言われています。

易経の秘密　その③　陰陽交感　〜生命の誕生と健康と若さの秘密〜

その易経には天地否(てんちひ)と地天泰(ちてんたい)という卦があります。

天地否は、天が上にあって地が下にあります。一見、自然な状態に見えるかもしれませんが、否は「凶」を意味します。一方、地天泰は地が上で、天が下にあり、一見不自然に思えるかもしれませんが、泰は「吉」を意味します。

このことは、生命誕生の自然の摂理から簡単に悟ることができます。

火のような陽気は、本来上に昇る性質を持っていて、水のような陰気は下に降りる性質をもっています。

「天地否」では天の陽が上に、地の陰が下に配置してあります。

65

すると陽気はますます上に上昇し、陰気はますます下へ降りるようになります。その結果、陰陽が上下に分断してしまい、交じり合わなくなります。これを「天地不交」と言い、閉塞、不和、不調、失敗を意味し、何も生み出せなくなるから「凶」というわけです。

一方、「地天泰」では天の陽気が下を向いて大地の万物を照らして、大地の潤いである陰気が天を目指して上昇していくことを表しています。天地・陰陽の氣が交じり合うことによって、万物の命が芽吹き、成長・発展していくので「吉」となります。これを「天地相交」とも「陰陽交感」とも言い、生命誕生の法則になります。

健康と若々しさの秘密

生命が誕生するのも陰陽両気が交じり合うことが条件ですが、誕生した命が生命活動を継続できるのも、絶えることなく行われている陰陽交感の結果と言えます。

ある日公園で、両手を広げ、隣にある木になりきってみたら、陰陽交感を体感することができました。天に向けて伸び広げた枝葉は太陽のエネルギーをいっぱいに受け、そのエネルギーを根っ子まで届けて、根っ子の活動をサポートします。一方、根っ子は吸収した大地の陰のエネルギーを上にある枝葉まで栄養を届けています。盛んに「天地相交」をしているのです。

この「陰陽交感」を人間の身体でいうと、「頭寒足熱」の世界になります。

「頭寒足熱」は私たちの身体の中の陰陽のエネルギーが、上下に活発に交じり合っているということです。

身体の陰のエネルギーは「血液」や「水」など、物質エネルギーを意味し、陽のエネルギーは「氣」といって目には見えないですが、物質を動かすパワーをもっています。

本来、血液や水のような物質エネルギーは下に流れる性質を持っていますが、私たちの身体の中では逆流して上に昇って、頭の上の毛髪まで潤してくれています。口の中に唾液を発生させるのも、脳に栄養を与え、頭の冷静さを保つことができるのも、「陰の物質エネルギー」が上に昇ってくれたお陰なのです。

一方、「氣」のような陽のエネルギーは、本来の上に昇る性質を持っていますが、下へ降りて下半身にパワーを与え、活動できるようにサポートしてくれます。

人の身体の中でも、公園の木と同じようにいつも「陰陽交感」が行われているわけです。

人間が生まれてから死ぬまでの間はずっと陰陽の変化の連続です。幼少期は陰陽のエネルギーがまだ小さい状態（稚陰稚陽）、青年期は陰陽が盛んになる状態（壮陰壮陽）、老年期は陰陽のエネルギーが両方衰弱する状態（衰陰衰陽）へと変化していきます。そ

してやがて生命の終焉を迎える時は亡陰亡陽といって、陰陽が分離して交じり合わなくなるのです。

陽気は生命の象徴でもありますが、人生のスタートは足の陽気からです。

赤ん坊は足の力が強くいつもパタパタと活発に動かしています。しかし年齢を重ねるに連れ、まず足の力が弱り、歩き方にも変化が起きます。人の一生は陽気が下から上に上昇していく過程なのです。若い時は陰陽交感が盛んに行われているので、顔の素肌も髪の毛も潤ってピカピカですが、年を取るにつれ、陽気が上昇し、顔の火照りや乾燥を感じやすく、もの忘れが激しくなるのは、「陰陽交感」がうまくいかなくなった老化現象なのです。

つまり、頭のてっぺんまでが陰の潤いが届いた状態が「頭寒」で、下の足の末端までがしっかり活力がある状態が「足熱」なのです。**身体の陰陽が盛んに交じり合うことによって、若さと活力をもたらしてくれるのです。**

私たちの身体の中で、陰陽の象徴的な臓器は、心臓と腎臓です。心臓はもっとも陽のパワーが強い臓器で、腎臓は全身の潤いを蓄えているもっとも陰のパワーが強い臓器です。

心の氣と腎の氣がいつも互いに交じり合って、陰陽のバランスをとっていますが、これを中国の医学では「心腎相交」と言います。「心腎相交」がうまく行っていれば、頭に潤いもたっぷり提供されるので、睡眠の質もよくなり、気分も穏やかでいられ、健康そのものでいられます。

一方、忘れっぽい、白髪、ほてり、のぼせ、不眠等の症状が出たら、頭に「熱」が昇っているということで、「心腎不交」といい、陰陽のバランスが崩れて不健康になっている状態です。そして完

68

全に陰陽不交になったら、陰陽が分離し「天地否」の状態になります。これは生命の特徴がなくなることを意味します。

「地天泰」のように天地の氣が盛んに交じり合って、いつまでも健康で若々しくあり続けたいと誰もが願うものです。しかし、どう努力してもその状態が永遠に続くわけではありません。

物事は極まったら、反対に転じるというのもまた宇宙の法則なのです。

泰が極まったら、否になり、否が極まったらまた泰に向かっていくのも、どうしようもない自然の摂理というものです。

若さと言うのは、本質的には、本来与えられた陰陽が盛んに交じり合う「地天泰」の時間を、人為的に短縮していない状態であるとも言えます。

そして、長生きとは陰陽が交じり合わず分離する「天地否」へ向かっていく時間を人為的に加速させていない状態であるとも言えます。

陰と陽の異質なものが交じり合うなかで、私たちの生命が誕生し、そして陰陽の交じり合う活動の中で、生命が刻一刻と営まれていきます。

「陰陽交感」を意識すれば、すべてが整っていく

私たちの考え方、食べ方、生き方、そして感情すべてが身体の陰陽のエネルギーを刻々と変化させています。

陰陽の交じり合うところに、新しいものが生み出され、命が発展、成長していくので、陰陽が交じり合いやすい状態を作ることによって、身体も人間関係も、生き方もすべてが健康に整っていきます。

● 健康面

❶頭は「静」、足は「動」

　頭で物事を考えすぎると、熱が頭に溜まり、体の潤いを消耗してしまい、老化が早まります。また、足をあまり動かさないと、体の陽のエネルギーを足元で生み出すことができず、足の力が弱くなってしまいます。だから、頭には何も考えない静寂な時間をあたえ、足はしっかり動かして鍛えることで、頭を涼しく、足を温かく保つ「頭寒足熱」の状態を維持しやすくなります。これが健康のバランスを整えるポイントです。

❷食事面の陰陽のバランスを考える

　食材には、身体を温めて陽のエネルギーを補うものと、潤いを与えて陰のエネルギーを補うものがあります。冷え性だからといって、生姜やネギ、唐辛子などの温める食材ばかりを摂ると、発汗作用で身体の潤いが失われてしまい、陰陽のバランスが崩れる可能性があります。そのため、身体を潤す陰の食材と温める陽の食材をバランスよく摂ることが大切です。

　たとえば、陰を補う食材には、山芋、黒豆、黒ゴマ、オクラ、白木耳、梨、葡萄などがあります。一方、陽を補う食材には、エビ、羊肉、ネギ、ニラ、生姜、シナモン、にんじんなどがあります。これらを上手に組み合わせて、陰陽のバランスを保つ食事を心がけましょう。

❸意識してあくびをする、丹田に氣を集める

　あくびをすることで脳の圧力が下がり、腹式呼吸になるため、腎臓にエネルギーを補うことができます。腎臓には体を支える陰のエネルギーが貯蔵されており、これが充実すると、陰陽のエネ

ルギーがうまく交わりやすくなります。意識的にあくびをしたり、丹田（お腹の中心）に氣を集めて深呼吸をすると、腎臓の力がさらに強くなります。腎臓が強くなると、若々しさを保ちやすくなり、長生きにもつながります。

❹時間リズムで陰陽の氣を養う

　昼間は外で活動して太陽のエネルギーを取り込み、夜はしっかり休んで陰のエネルギーを養うことで、陰と陽のエネルギーがバランスよく整います。これにより、体の中で陰陽のエネルギーがスムーズに交わり、自然な流れが生まれやすくなるのです。

❺靴は軽いものより重いものを履く

　軽い靴よりも、あえて重い靴を履くことで足に適度な負荷がかかり、足の筋肉を鍛えることができます。また、重い靴を履くと、体のエネルギー（陽氣）が足に集まりやすくなります。特に、ストレスを感じやすい人は、頭に熱がこもりやすいので、重い靴を履いてエネルギーを足に引き下ろすのが効果的です。これにより、頭の熱を和らげ、心身のバランスを整えることができます。

❻身体を緩ます

　精神的に緊張すると、心の影響で身体も緊張してしまい、筋肉や血管が固くなります。その結果、陰陽のエネルギーがうまく交じり合わず、流れが悪くなります。逆に、心がリラックスして身体が緩むと、エネルギーの循環がスムーズになり、身体は自然と本来の働きをしてくれるようになります。

● 人間関係

　身体の健康も、健全な人間関係もじつは同じく「陰陽交感」の原理が働いています。

天地否の「否」は口があっても言葉にして言えない、口が塞がっている状態を意味します。

どうせ話しても分かってもらえないと思ったら、心も口も塞がってしまうものです。

交流がないということは、何も生み出せない状態になるので、もちろん先行きは「凶」になるわけです。

会社でいうと上の立場の人が遜って、低い姿勢で社員と接する。そして下の立場の人たちは向上心をもって積極的に上に働きかける。このような上下の交じり合いがある状態が健康な組織であり、会社が変化発展していくのに不可欠な条件となります。

会社や組織でも、上下の活発な交流があってこそ、健全な組織づくりができるものです。

別の角度で観ると、会社でみんな仲良く和気藹々とすることはとても素晴らしいことですが、仲良くし過ぎるのも会社の発展にとっては危機的な状態を招くことがあります。それは異質なものと交じり合わないと変化が生じにくいので、発展が望めないからです。どういうことかと言いますと、上司と部下がいつも同じ感覚でいると、新たな変化を生み出す議論ができないので、物事を進化・発展させることが難しいわけです。

少々の雑音や異質な声があるからこそ、より慎重に物事を考えられるようになり、工夫が施されるので、結果的に発展、成長することができます。

人は自分のことを分かってくれて、共通話題がある人と一緒にいると楽しいものです。しかし、いつも同じ感覚の人とばかりといては変化が生まれないので、成長が止まってしまいます。

時には居心地が悪くても、異質な人の中に行って、異なるもの

と交じり合うことで、新たな自分を発見し、変化を生み出せるようになるので、人生が大きく方向転換することがあるのです。

人生に迷った時は、遠くへ行きましょう。

自分の知らない人、知らない世界に飛び込んでみると、今まで感じたことがないことを感じて、今まで思いつかなかったアイディアが湧きだすのかもしれません。

● 生き方

宇宙にある森羅万象を見渡すと、人間、動物、植物…そしてさまざまな不思議な生き物たちも存在して、じつに多様性に富んでいます。

多種多様なもの同士が共存しながら、相互作用することで、絶えず新しいものが生み出され、発展、成長していきます。もしこの宇宙に、動物や植物がみんな消えて、人間しかいなくなったら、間違いなく人間も生存できなくなります。

多種多様なものが一緒に生み出す変化が、宇宙を美しく彩ってくれます。

宇宙が変わりなく久しく存続できるのは、常に変化があるからこそのことなのです。

私たちがこの世で強く、たくましく、そして永らく人生を楽しんでいくためには、自分の中に異質のものを取り入れて、自分のものと融合していくことです。

日本は他の国の食文化、たとえば、カレーやラーメン、パスタ、餃子などをうまく取り入れて、完全に自分の食文化として定着させていますよね。

私たちの人生もずっと、異質のものとの遭遇です。異質なもの

を排除するよりもそれを受け入れて、そこから得た学びを自分の中に取り込んで　血肉にすることができれば、人生をより力強く生き抜いていけるのではないでしょうか。

　チャールズ・ダーウィンの有名な言葉に、「生き残る種とは、最も強いものではない。最も知的なものでもない。それは、変化に最もよく適応したものである」というものがあります。

　陰と陽が交じり合うことによって、新しいものが生まれます。人生で変化が訪れた時は、不安になることもあるかもしれませんが、新しく人生を仕切り直す大チャンス到来の時でもあるのです。人生で起きるすべての変化を受け入れて、生かすことができれば、人生は面白く、味わい深いものになっていきます。

● まとめ

　私たちの生命もこの宇宙に存在するすべてのものの誕生は陰陽交感の結果と言えます。そして誕生した命が健全に進化・発展・成長し続けられるかどうかも、陰陽交感が絶え間なく続いているかどうかにかかっています。

　陰陽交感の理解を深めることは、健康維持や良い人間関係を築くこと、さらには人生をより有意義に過ごすための重要な鍵となります。

● 問い

　陰陽交感の法則を用いて、健康管理をするとすれば、あなたはどんなことに取り組みますか？　人間関係ではどのように応用しますか？

現象を通して、本質を観る
易経の秘密　その ④

陰陽互根互用
～相手があって自分が成り立つ～

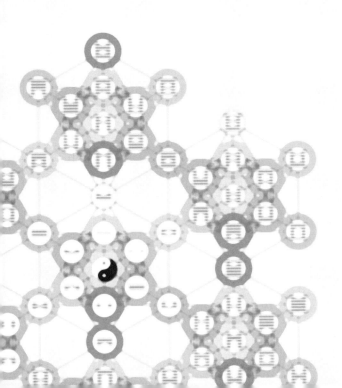

❸相手があって自分が成り立つ

あなたが一番嫌って、恨んでいる人は、もしかしたらあなたが一番感謝しなければならない相手かもしれません。

まだあなたがこの世に生まれてくる前の話です。

あなたは地球で体験する項目の一つを「恨みを克服する」ことに決めました。だけど恨む相手がいないと何も体験できませんね。そこで協力してくれる人を探しましたが、誰もが恨まれることはしたくないから断るのです。

仕方なく、一番よいお友達に頼んだら「あなたのためなら協力しよう」と快諾してくれるのです。あなたはやっと相手が見つかったと喜んでいたら、その友達は泣きながら「あなた、ほんとうに私を恨まないでよ」と言います。

もしかしたら、今あなたがもっとも嫌っている人は、あなたの人生課題に協力してくれている一番のお友達なのかもしれません。誰もが嫌がる役を引き受けてくれたのですから、あなたが本来一番感謝しなければならない相手なのかもしれないのです。

私たちは自分にさまざまな体験をさせるためにこの地球を訪れていますが、問題は他者がいなければ何も経験できないですし、何者にもなれないということです。誰もが相手との関わりの中で自分を知り、自分を体験するのです。

「相手があって自分が成り立つ」という陰陽互根互用の法則があります。

陰陽はお互いが互いを生み出す根本となり、互いが互いに用いられているということです。

女が男を生み出していますし、また男がいるから女を生み出す

ともできます。

　人間関係において陰陽互根互用の法則は男女に限らず、あらゆる関係性の中で見出すことができます。

　親がいなかったら子どももいないですし、先生がいなかったら生徒も存在しないですし、医者がいなかったら患者も現れないのです。一方で子どもがいるから親としての体験ができますし、生徒がいるから先生の体験ができて、患者が来てくれるから医者という体験ができるのです。

✿与え、与えられる本質

「相手があって自分が成り立つ」という陰陽の法則はあらゆるところで働いています。

　陰陽における互根互用の関係は、与え、与えられる関係でもありますが、これを「五行論」で観ると、あらゆるもの同士の関係性の本質がわかるようになります。

「五行論」は前章にも触れていますが、「木火土金水」という五つの異なるエネルギーの属性とその関係性を通じて、宇宙の摂理を解説しています。

「木火土金水」のエネルギーは、少陽、老陽、陰陽（土用）、少陰、老陰のように、陰陽のエネルギーの性質に基づいて、万物をこの五つのエネルギー属性に分類することができます。

　そして、それぞれのエネルギー同士がどのような関係性で、どのように関わり合いながら存在しているのかを観ることで、宇宙の法則性と物事の本質を見出すことができます。

　すべてのものを陰陽のエネルギーの性質によって、その属性を分類できるように、エネルギー同士の関係性もまた陰陽に分類す

77

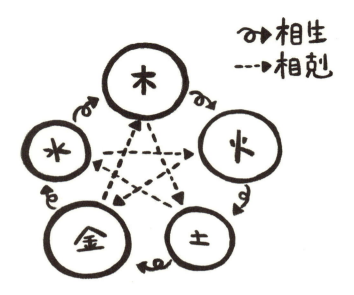

ることができます。

　陽の関係性を「相生(そうせい)」と言い、与え、生み出す関係と言えます。

　木を擦ったら火を生み出し、火が灰になって土を生み出し、土は金を生み出し（土の中に鉱物がある）、金は水を生み出し（岩のところから湧き水が出るイメージ）、水はまた木を育てるようなイメージです。

　どの存在も、他に与えることを主軸として、他を生み出し、育てる役目をもっています。

「与えるから与えられる」とよく言われますが、宇宙の法則は与えた相手から返されるわけはなく、与えたものが大きく循環して、別のところから自分に戻ってくるという仕組みになっているのです。

　一方、陰の関係性を相克(そうこく)と言い、制約、コントロールする関係です。

水は火を消し、木は土の栄養を吸い取り、火は金を溶かし、土は水を吸い込み、金は金属の道具なって木を切り倒します。

一見、よくない関係に見えますが、どちらかのエネルギーが過剰になった時、それを制約できるものがあるからこそ、宇宙のバランスと秩序が保たれます。

相生、相克は父と母と私たちの関係性にも似ています。母は私たちに無償の愛を与え続けてくれる優しい存在、一方、父は社会性を教えてくれるということで、私たちが過ちを犯したとき、厳しさをもってそれを是正してくれる少し怖い存在でちょうどいいのです。

そんな父母の両方の関わり方で、私たちもバランスがとれた人間に育っていきます。

相生・相克の関係がうまく行っている時は、宇宙は調和がとれた健康的な状態ですが、相生・相克の関係が崩れているとき、病理的な状態に発展していきます。

相生がエネルギーを与えてくれて、相克がエネルギーを取るというようにも見えますが、大きく観ると、すべての存在と関係性は私たちに大切なものを与えてくれる必要な存在です。

たとえば、水は火を消すということで、水と火は相容れない関係性に見えますが、水が木を育てて、木が火を生み出しますので、直接に与えるわけではありませんが、木を介することで、火にエネルギーを与えるということになるのです。

また、火は土を生み、土が金を生み、金が水を生み出すということで、火もまた間接的に水を生み出しているのです。

このように、大きい循環の中で、陰と陽は互いが生かし合い、依存し合いながら、一つの全体として存在しているのです。

私たちは日常生活の中で、他人との関わりがうまくいかないとき、不愉快な思いをさせられる相手を「敵」だと感じることがあります。しかし、その人はじつは、あなたが成長し、より良い自分になるために必要な存在、つまり「相克」の役割を担っているのかもしれません。

　人間関係で衝突や困難に直面するのは決して楽しいものではなく、時にはとてもつらいと感じるかもしれません。しかし、こうした状況こそが私たちに内省する機会を与えてくれます。相手との対立をきっかけに、自分の言動や態度を振り返り、改善することができるのです。こうしたプロセスを通じて、人は心を鍛え、成長していきます。

　大きな視点で見れば、私たちが出会うすべての人は、直接的か間接的に、何かしら私たちにとって大切な学びや気づきを与えてくれる存在です。

　また、与えるということについて、自然を例に挙げますと、そこには見返りを一切求めないで与え続ける純粋な心があります。たとえば太陽は万物に光と明るさを与えていますが、善人だから多く与えて、悪人だから少なく与える分別心があるわけではないのです。しかも相手から何か返ってくるのを期待して、与えることを考えるわけでもないのです。太陽は誰にも対等に与え続ける大きな愛があります。

　易経25番には「天雷无妄」という卦があります。
「天雷无妄」とは、上が天と下が雷の組み合わせです。

　天は自然の健やかな動き、雷は意図せず、自然に発生したことを意味して、自然のありのままの姿を現しています。

　妄はみだり、偽り、邪念、災いの意味がありますが、无妄はそ

易経の秘密　その④　陰陽互根互用　〜相手があって自分が成り立つ〜

の反対で、邪念がない、意図しない純粋な心を意味します。これを「無為」ともいいます。無為とは、自然の流れに従い、意図せず自然体でいることです。

自然界は常に無為であり、物事はありのままに進んでいきますが、人間はしばしば妄想や欲望にとらわれ、なかなか無為の状態にはなれませんね。たとえば、誰かに親切にした後、その見返りを期待したり、愛情を注いだ相手からも同じように愛されたいと願うのは、よくあることです。しかし、そういった期待があると、感謝されないと不満に感じたり、期待通りにいかないことで心の平安が乱されることがあります。

天雷无妄 (てんらいむほう)

よく聞く例として、「あんなに良くしてあげたのに、恩を仇で返された」と愚痴をこぼすことがあります。しかし、たとえ親子の間であっても、「あなたのためにしてあげたのよ」と口にすると、相手に恩着せがましく感じられ、あまり心地よくはありませんね。実際には、相手が恩返しするかどうかは、彼らの義務ではなく、あなたがその時やるべきことをしたに過ぎないのです。

大切なのは、結果への執着を手放し、純粋な心で最善を尽くすことです。そうすることで、最も喜ばしい結果が自然にやってきます。私たちも自然に学び、無心で物事に向き合うことで、すべてが自然にスムーズに進んでいくのです。

自分は何者なのか、何のために生きているのか、自分の源の原点に立ち帰って、自分の役目を全うすれば、人間は妄(みだ)りに道を踏

み外すことはありません。

　逆に人間の妄念、妄想で、自然の法則に外れた行動をしたならば、必ず災いを招き、物事を進めていくことができなくなると易経では教えています。

　たとえば、人は過度な成功への妄念にとらわれ、休息や健康を無視して働き続けることがあります。自然のリズムに反して、夜遅くまで働き、食事や睡眠を犠牲にする生活を続けると、最終的には体が悲鳴を上げて、病気になってしまいます。このように、体の限界を無視し、健康を損なうような無理な行動は、長期的には災いを招き、成果を出すどころか、すべてを失うことになりかねません。

　一方では、邪念がない无妄の状態でも突然、災難が降りかかることもあります。その時はその時で「天命」と思って、心に悔いもなく安らかに受け入れることができるではないでしょうか。

　人間は志をもって、何かに取り組んだとしても、途中で困難なことに遭遇すると、つい心がぐらつき、初心を忘れ、道から外れてしまうこともあります。

　どんな時でも自分らしく、自然体で無邪気に自分のやるべき事に集中したら、先のことを思い煩う必要はありません。一時困窮することもあるかもしれませんが、いずれすべてが、落ち着くところに落ち着きます。

　無心に自分の天命をまっとうする決意で行動すれば、宇宙は大きいパワーを与えてくれて自然とすべてが正しく導かれていきます。

易経の秘密　その④　陰陽互根互用　～相手があって自分が成り立つ～

陰陽互根互用の効用

　陰陽はあくまでも、動き回る変化の中で、バランスと取ろうとしています。陰陽は互いが互いを生み出す源になっていますから、この法則を用いると、自分の身体と心の理解が深まり、より健康的な生き方をすることができます。

● 健康面

　私たちの命が誕生したのも陰陽の相互作用によるものですが、命を維持していくために、身体の中の陰陽のエネルギーは常に互いに生み出し、用いられています。

　身体の陰陽のエネルギーである「氣」「血」「水」は、私たちの生命活動にとっては必要不可なものですが、それぞれ役割があるのです。

　「氣」は目に見えない、形もない陽のエネルギーですが、身体のすべての機能を主るものです。「血」「水」は目に見えて、形のある陰のエネルギーで身体に物質条件を提供します。

　「氣」の作用があるから食べたものを消化して「血」や「水」に転化させることができます。一方「血」や「水」の栄養物質を燃やすことで「氣」を作り出すことができます。

　つまり、氣があるから、血と水が生じ、血と水があるから、

氣が生じて、互いが相手の根本になり、用いられるという「互根互用」という関係にあるのです。

　そして氣は目に見えませんが、風がものを動かすように血や水を動かしており、また血や水の物質があるから、氣は活動することができるのです。

「陰陽」は互いが作用し合って、おのおのがその役割を果たしています。

　身体の健康は陰陽のエネルギーがそれぞれ過不足なくどちらかに偏らない状態を維持することにあります。この「陰陽互用」の法則が働いているがゆえに、どちらかのエネルギーが失調した時は、生み出す相手であるもう一方のエネルギー状態にも影響を与えるようになります。

　臨床上には「悪循環」という言葉があるのですが、それは虚弱な「血」や「水」では、パワフルな「氣」を生み出せないですし、「氣」が虚弱になったら、食べたものを血液や体液に変える機能も低下するので、貧血、乾燥状態になるというわけです。

　それを修正していくには、どちらかのエネルギーを高めることによって、反対側も高まることになります。

　血や水のような陰のエネルギーを養うには、なるべく身体も心も静める時間を増やし、休養と、睡眠をしっかりとることです。食材では、潤い効果がある食材、補血効果がある食材を積極的にとることがおすすめです。たとえば、山芋、おくら、黒木耳、ほうれんそう、人参、いかなどが一例です。

　氣のような陽のエネルギーを養うには、日光、特に朝いちばんの陽の光を浴びて、軽い有酸素運動を適切にすることです。そして山や海など自然豊かところで、自然の氣をいただくのもとても

いいです。

何よりも余計な「氣」を使わない方がもっとも、大事かもしれません。自分の生命課題に直接関係のない、あるいは自分が望んでないネガティブなことで、心身のエネルギーを消耗させないことです。私たちはよくネガティブなニュースに意識を引っ張られたり、過去を悔んで、起きてもないことを心配して、未来を案じることに心身のエネルギーを消耗させることが多いですものね。これも「妄念」と言えるのです。妄念を察知したら、その都度それを払い、今ここに集中することで、宇宙の無限のエネルギーと繋がることができます。

私たちの身体のエネルギーは本来やるべきことをやるために創られる尊い資源なのです。

陽氣を養う食材としては、エビ、ニラ、ネギ、羊肉、シナモンなどがおすすめです。

● 人間関係

「相手があって自分が成り立つ」という考えは、私たちが人と関わる中で、与えることと受け取ることが常に循環していることを教えてくれます。つまり、人に何かを与えることによって、自分が与えられ、他人を助けることが、自らを助ける道になります。

この考え方は、因果の法則とも結びついています。良いことも悪いことも、自分がした行動がすべて自分に返ってくるのです。

だからこそ、幸せを大きくしたいなら、他を幸せにする種をたくさん撒きつづける必要があります。その種が土の中に入って、芽吹いて開花したらやがて収穫できる時がきます。

しかし、最初から「自分に返ってくること」を期待して行動す

るのは、動機が不純です。それは自然の流れに逆らう「妄」の状態です。純粋に人に与えることに集中して、見返りを求めないことが、自然の法則に従った行動です。この自然の法則に従えば、人生は必ず良い方向に進んでいくのです。

人間の感情も同じです。笑顔を向ければ、笑顔が返ってきて、笑顔のエネルギーが増えます。逆に怒りを向ければ、怒りが返ってきて、怒りのエネルギーが強まります。

私たちは喜怒哀楽、いろんな感情を経験するためにこの地球に生まれてきました。不快な怒りや恨みさえも、もしかしたら自分が経験してみたかった感情なのかもしれません。だから、そうした感情が起こったら、それをしっかり味わって、そして手放すことも大切です。

自分を体験するために、いろんな人が協力してくれていると思えば、関わってくれるすべての人に対してかぎりない感謝の気持ちが湧くはずです。

人間関係において、私たちはいつも特別な相手が現れて、自分を満たしてくれることを期待していますが、人間関係の意味は相手に満たしてもらうことではなく、与えても、与えても決して減ることがない円満な自分を体験して、自分らしさを分かち合うということなのです。

● 生き方

陰陽互根互用は与え、与えられる関係でもあり、因果の法則でもありますが、根底に忘れてはならないのは、私たちが何者か??

ということです。私たちの本質は無極から来た無限の創造力の持ち主です。

無限は減ることも、尽きることもありません。だから何かにしがみつく必要もないですし、他人から与えてもらうのを待つ必要もないのです。与えて、助けることが、自然と与えられ、助けられることになるのです。これが「陰陽互根互用」の法則なのです。

人間の本能的な最大の喜びの本質は何かを与えてもらうよりは、与えることにあるのではないでしょうか。見返りを期待せずに、誰かを純粋に愛している時はこの上ない喜びを体験しますが、「その人も私のことを愛してくれているのかな」と思う時は、その喜びの素晴らしい感情はたちまち消えていくものです。

この地球で出会うすべてのものに感謝して、自分を惜しみなく与え、そこでの体験を楽しむことが、結果として、また大きい宇宙エネルギーが注ぎ込まれることになるのです。

● まとめ

「陰陽互根互用」の法則は、すべての存在が互いに影響し合い、支え合っていることを意味しています。私たち人間も、他者に何かを与え、相手を支える役割を担うと同時に、他者から何かを受け取り、生かされる存在です。この相互作用が、宇宙全体の大きな循環の一部として成り立っているのです。

「与えるものが大きく循環して自分に戻ってくる」というのは、宇宙の仕組みです。私たちが良い行いをし、相手に良い影響を与えると、それが巡り巡って最終的に自分に返ってくるのです。より良い宇宙の循環や調和を保つためには、自分自身が成長し、質の高いものを与えられるようになることが大切です。自分が与えるものの質を高めることで、宇宙全体の調和に貢献し、その結果として自分もさらに豊かに生かされることになります。

● 問い

　よりよい自分になるために、日ごろ何を心掛けて、何を実践してみたいですか？

現象を通して、本質を観る
易経の秘密　その⑤

像は形を創る

~創造の原理~

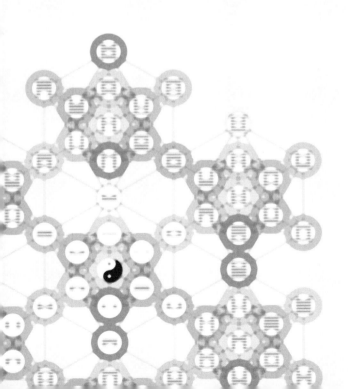

❈創造の原理

　これは本当にあった話です。ある女性が自分はもしかしたら乳がんになったかもしれないと思い、病院に行って診察を受けますが、お医者さんは「あなたは乳がんではありません」という診断を出します。それでもその女性は、「乳がんなのでは」という疑いが晴れずに他の病院にもかかるのですが、他の病院でも同じ診断が出されます。それでも素直に受け止められず、1年かけて病院を転々してついに乳がんが見つかってしまうのです。

　これと正反対の例もあります。大ヒットした映画『ザ・シークレット』の中で出てきた実話です。ある女性が乳がんと診断されたのですが、もう治ったと固く信じて、最初から乳がんにかかってないように振舞ったそうです。そしてコメディの番組を見て笑って過ごしていたら、約3カ月経って乳がんが完全に消えてしまったようです。

　易経には「像が形を作る」という言葉があります。

　つまり、目に見えない思いやイメージが目に見える形を作るということです。

「像」は、物質的な形ではなく、心や思考、イメージといった目に見えないものを指します。たとえば、心の中で描く願望や思い、信念などが「像」です。

「形」は、実際に目に見える現実のかたちを指します。たとえば、家や車、体の健康状態、人間関係など、私たちが日々接する物理的なものや現象が「形」です。

　像と形を陰陽で分類すると、「像」は陽に当たり、陽は目に見えませんが、万物を創造するエネルギーをもっています。「形」は陰

に当たり、陽のエネルギーの作用よって実際に現れる現象です。

　陰陽は常に相互作用していますが、順番からすると陽が先に主導的な役割を果たし、陰は陽が示した方向に沿って後から形を作っていく法則です。

　変化というものは、目に見える形として現われる前に、まずは目に見えないところで先に変化を起こしているのです。

　目に見えない像（陽）が目に見える形（陰）を創り出すというのは、万物が創造される原理でもあります。

　コップ一つにしても誰かがまず心で思い描いたイメージが形になっています。都会でそびえ立っている立派なビルでも、その姿が現れる前にまず誰かの心の中で存在していたはずです。

　中国では「心想事成」という言葉があります。あなたが思うことが全部現実になりますようにという祝福で使う言葉です。

　実際、私たちが思っていることは、本当に現実になっていくのです。

　問題は、望むものが形になるのではなく、私たちの意識の中でいつも思い続けていることが目に見える形として現象化していくことです。

「望むもの」は、意識的な願望や希望を指します。たとえば、健康になりたい、成功したい、幸せになりたいといった「手に入れたい」と強く願う気持ちです。

「思うもの」は、私たちが自覚していない深いレベルで持っている信念や感情です。たとえば、「私は病気になりやすい」「自分は

成功しないかもしれない」といった、無意識に抱えている思いが
これに該当します。

　病気をしたいと願って病気になる人は誰もいないと思います。
冒頭の乳がんの例でも述べたように、健康意識が強すぎる人ほど、
深い意識では病気をしたくないという思いが強いので、意識を
フォーカスし続けたもの、つまり執着し続けてきたものが形を
創ってしまうのです。

　私たちは「人生思う通りに行かない」と時には嘆くこともあり
ますが、本当のところはすべてが思っている通りになっていると
いう事実があります。

　現実世界の私たちは自分が何を創造しているのかもわからず、
無意識に常に何かを創造し続けています。すべてが既に「心で思っ
ている」通りの形になっているのです。

　自然はいつも同じ時がなく、一瞬いっしゅん、新たに変化して
いきます。私たちは人生において常に新たな選択ができるように
自由意志が与えられています。これはじつは祝福でもあり、呪い
でもあります。だからこそ、物事の奥で働いている本質を理解し
て、正しく創造の原理を実生活で応用していきたいものですね。

　思い続けてきたものが現実になるということですが、何かを強
く思うとそれの反対側も現れるというのもまた陰陽の法則です。
プラス思考になろうとすればするほど、その反動でマイナス思考
も出てくるものですね。だから極端にプラス思考やマイナス思考
に偏るのではなく、中庸を保つことで、心の平安とバランスを見
つけることができます。

**「像が形を作る」の陰陽の法則を生かして、現実世界で望むもの
を叶えていくためには、高邁な理想も描きつつも現実的な目標を**

易経の秘密　その⑤　像は形を創る　～創造の原理～

設定し、それが達成できることを無邪気に信じ続けて、行動して、小さな成功体験を積み重ねることかもしれません。

心が宇宙を動かしている

じつは私たちの思いや念というものは、宇宙を動かして、多くの人に影響を与えるパワーをもっています。

なぜなら、私たち個人の意識は本来、宇宙意識の一部分であり宇宙全体と繋がっているからです。

私たちの思いや念が強いエネルギーを持つ場合、それが宇宙のエネルギーと共鳴し、結果として物質的な変化や他者への影響を引き起こすと考えることができます。

だから最初の「起心動念（きしんどうねん）」、つまり、どんな心を起こし、どんな念を動かしているのかに注意を払うことが大事なのです。

中国の有名な思想家である王陽明は「心の外に物はない」と言い、稲盛和夫氏も「すべては心から始まり、心に終わる」という言葉を残しています。

王陽明と稲盛和夫氏が共通して言っているのが、私たちの心がすべての現象を作っているということです。

易経の第2卦「坤為地（こんいち）」ではこのような言葉があります。

霜（しも）を履（ふ）みて堅氷（けんぴょう）に至る

意味としては、霜は柔らか

王陽明(明代寫實容像、PD)

93

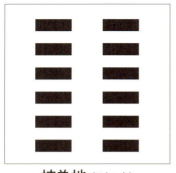

坤為地（こんいち）

く、手で触れればすぐに溶かすことができますが、溶かさずに逆に足で踏み固めていったなら固い氷となっていくということです。

　これは悪の元凶を霜に喩えて、元凶は芽が吹いたばかりの時に摘み取ってしまうことの大切さを教えています。

　私たちの人生がうまくいくかどうかは、その根本にある「観念」が正しいかどうかがとても大切なわけです。この観念が刻一刻と自分の人生を創造し続けているのです。この観念がずれていると、人生も正しい道から外れてしまう可能性が大きくなります。

　そして同じく「坤為地」ではこのような話もあります。

「**積善の家には必ず余慶あり。積不善の家には必ず余殃あり。臣にしてその君を弑し、子にしてその父を弑するは、一朝一夕の故にあらず**」。

　意味としては、「善を積んだ家には、必ず子孫にまで福が及ぶ。不善を積んだ家には、必ず子孫にまで災いが及ぶ。臣下にしてその君を弑し（殺し）、子にしてその父を弑するのは、短い期間で原因ができたわけではない」。

　正しい観念をもって事に臨むことはとても大事ですが、正しいことをするからと言って、すぐその成果が現れるわけではありません。何事も時間の経過とともに、あとからその結果が現れ、それが子孫までその影響が及ぶといいます。

　逆に子が親を殺すような道に大きく外れた犯罪も、その原因が

かれていたということになります。

　一つの観念や意識を持ち続けて、行動してきたことは、時間の経過と共に、大きいパワーとなって、良い結果も悪い結果も生み出します。

　易経のなりたちで観ると、万物が生まれてきた源は「無極」の中の宇宙意識からです。

　宇宙意識から生まれた素粒子が集まり原子ができ、分子ができ、のちに高分子ができ、蛋白質が生まれ、それによってＤＮＡが構成されて生命というものが誕生しました。

　目に見えない心や意識の世界が、目に見える現実を創り出す、これはあらゆるものの裏で働いている創造の原理で、世を動かしている絶対法則でもあります。

万年の亀が教えてくれたこと

　これは筆者の経験ですが、ある日、天地がひっくり返る激しいめまいと吐き気に襲われました。すぐに救急車で運ばれて病院に行きましたが、原因はわかりませんでした。めまいは３日で収まったものの、その日を境に体調がどんどん悪くなり、なんとも言えない不調が続きました。毎日のように立っていられないほどのふらふら感、朝から頭に熱があがって、目が開けられませんでした。話すことも、食べることも全部が億劫、急な体重の減少…。そしてある占い師には「死相」が出ていると言われるしまつでした。

　何だこれは、と得体のしれない恐怖に襲われ、もはや何も手につきませんでした。

　症状は長引き、不安ばかりが募りました。

それからというもの、漢方の先生、整体の先生、エネルギー調整の先生、霊能力の先生など、すごいと言われる先生の所に不調の身体を引きずって行っては、治療を受ける日々。
　誰かが私を元通りにしてくれないかと、他力を求めてすがるばかりでした。
　しかし症状は一進一退を繰り返し、大きいな改善が見られませんでした。しばらくしたら、治療に通う力も尽きてきました。
　家で横になっていることが多かったのですが、その時どこかで聞いた易経の言葉が心に染みてハッとさせられました。

「万年の亀、下顎（したあご）を垂（た）らして、もの欲しそうに他を見る凶」

　これは易経の第27卦「山雷頤（さんらいい）」の卦で出てくる言葉です（本文「爾の霊亀を舎て、我を観て頤を朶る。凶」）。
　その意味をわかりやすくいうと、本来、万年も生きている亀は霊的なすごい能力を持っているのにも関わらず、自分の素晴らしさを捨てて、下顎を垂らして、他人がすごいと崇め、羨み、物欲しげにしているのは「凶」になるということです。
　この言葉は当時の私の胸の奥に、確実に振動を起こしました。
　病気になって、すぐ治療の専門家に頼り、他人になんとかしてもらおうと外に求めてばかりで、自分の中に本来備わっている素晴らしい生命力・治癒力を無視していたのではないでしょうか。
　このような症状を創り出しているのは、本来はその原因を作っ

た本人が一番わかっているはず。そして治し方も本人が分かっているはずだと思いました。しかし、心が不安定な状態では、治るものも治らないのではと思い、なるべく心を静める時間をもち、瞑想をはじめました。

心を静めている中で、自分の身に起きていることのすべてを受け止めて抵抗もせず、身体の力を抜いて、自分の内面と向き合いました。

ほんとうの自分は霊力をもつ「万年の亀」と同じような存在なんだ。そんな自分をもっと信頼していいんだ。人生良いことも悪いこともあって当たり前。良いことだけを受け入れて、悪いことは拒否するのは、陰陽の法則に反している。自然体でいい、病気の時は病気を感じて味わおう、と思うことができたのです。

こうしてしばらく経ったら、身体が語りかけてくれました。「私元気！」と間違いなくそう言ってくれました。

萎れた花がみずみずしさを取り戻し、再び輝きを放つ感覚、身体がスーッと楽になって心の奥から湧いてきた喜び、今でも忘れません。

意識が変わったら現実が変わるということを、身をもって体験した出来事でした。

🌸祈りという目に見えない思い

「受験に受かりますように」
「恋愛が成就しますように」
「安産でありますように」
「病気が治癒できますように」
……と、私たちはさまざまな場面で祈ります。

　日本には「神社」という「祈りの場」がどこの町にもありますね。

　祈りの意味としては「神格化されたものに対して実現を願う事」だそうです。

　人は太古の昔から何か願い事がある時、人力を超越した大いなる力に助けを求めてきました。
日本では平和を祈る時や、病気の治癒を願う時、みんなの願いを集めて千羽鶴を折る風習もあります。

　祈りという目に見えない「思い」を通して、願いは本当に叶うのでしょうか。

　一方で、どうして現実世界では多くの人たちの願いは叶いにくいと感じるのでしょうか。

　高次元の世界では、時間というものが存在せず、すべてが同時に起こっている状態です。一方、私たちが生きる三次元の世界では、「時空」という概念があり、物事が進むのには時間がかかるため、願いが実現するまでにはタイムラグが生じます。このタイムラグこそ、多くの人が、願いが叶いにくいと感じる原因のひとつです。

　さらに、多くの人は外の世界に影響されやすく、願いを信じて思い続ける集中力が途中で途切れてしまうことがあります。外部の誘惑や他人の言葉によって、目標に対する意識が散漫になり、自分の思いが薄れてしまうのです。

　表面的には「お金持ちになりたい」「仕事で成功したい」「良い

人間関係を築きたい」「健康でいたい」と望んでいても、潜在意識の深い部分では「お金持ちになれない」「成功は難しい」「人間関係は面倒くさい」「病気になるかも」といったネガティブな思いが根付いていることがあります。この潜在意識の力は顕在意識よりもはるかに強力で、潜在的に抱えている否定的な思いが現実化してしまうことが多いのです。

「信念」をもち続けることは、人生の成功者になるためにもとても大切な要素ですが、誰かがすでに証明したものを信じることは、本当の「信」とは言えないかもしれません。

科学的に証明されなくても、目に見えない何かを無邪気に信じることがほんとうの「信念」なのです。この「信念」こそが人生を好転させてくれる鍵となります。

祈りの語源は「生きることを宣べる」で、自分の行動を宣言することだそうです。行動に意識が乗ることとも言われています。

自分の思いを言葉に出して宣言して、それをしっかり行動に移していけば、宇宙からの不思議な応援の力や導きも感じられるはずです。

「像は形を作る」の法則は願望実現だけではなく、常に私たちの身近なところでいつも起きています。この法則を知って意識的に現象を創り出すのか、知らずに無意識に望まない現象を生み出すのかでは、運命に大きい差が生まれてきます。

❀健康も愛も富も意識が創り出す

問題が起きた時、私たちはつい外の世界に答えを求めがちですが、じつは本当の答えはすべて自分の中にあります。もちろん、他人からの助けが必要な場合もありますが、他人はあくまでサポー

ト役であり、最終的に問題を解決できるのは、自分の内側にある力なのです。名医も自分の中にいます。

　私たちが望む健康、良い人間関係、理想的な生き方など、すべてはまず見えない内面の状態から始まり、それがやがて外の現実として形になっていきます。だからこそ、外の世界に答えを探す前に、自分自身の内側を見つめ、そこにある力を信じて引き出すことが大切です。

● 健康面

❶思い悩むと氣が結ぶ

　私たちの「思い」や「感情」は、常に「氣（エネルギー）」を動かしています。たとえば、中医学には「思い悩むと氣が結ぶ」という考え方があります。これは、不安や心配、怒りといったネガティブな感情が、氣の流れを止めてしまうということです。氣が滞ると、体内の代謝もスムーズにいかなくなり、結果的にはしこりや腫瘍などを発生させることがあります。特に、ストレスが胃腸に影響を与え、栄養の吸収や排泄に支障をきたすこともあります。

　ですから、心の中を落ち着かせ、意識を安定させることが、健康を保つ上で非常に重要なことです。心の状態が整うことで、氣の流れがスムーズになり、体も自然に健康を保てるようになります。

❷不調はネガティブな感情の現れ

　身体のさまざまな不調、炎症、病気などは、一般的には恐れや、不安、心配、憎悪、嫉妬の現れということがありますので、自分の感情をいつもフラットに整えることが大事です。

　もし健康状態が好ましくないなら、まず自分の思考のくせを調べた方がよいかもしれません。私たちの意識が生命エネルギーを

創っているので、その意識の中に病原菌が入っていたら当然、健康状態に影響が出ます。

　恐れ、不安が多いと生命エネルギーをつかさどる「腎」が弱りやすく、悲しみや心配が多くなると「肺」に影響が出て、怒りや憎悪は「肝」、嫉妬や興奮は「心」を弱らせます。

　病気になってから治療するよりも、このような病気を招く「元凶」に気づいて、早くそれを摘み取った方がよいのです。

❸健康の意識を持つ

　私たち人間の身体は１呼吸のたびに４回の脈を規則正しく打ち、一刻も休むことなく呼吸を繰り返し、食べたものは全力で消化・吸収し、要らないものは排泄してくれます。怪我でもしたものなら、修復細胞が集まり、元通りに復元してくれるものすごい霊性をもっています。しかもこのような生理活動は人間が何も意識しなくても、全自動で、完璧にやってくれます。

　健康状況を改善したいと思うなら、生命力に信頼を置き、健康であることを意識することです。病気になる恐怖で健康管理をするのではなく、完全に健康であるイメージを持ち続けることです。そうすると身体の中でも創造的にエネルギーが働き、あなたのイメージ通りに潜在意識は完璧な身体を創り上げてくれます。

❹生活のあらゆる場面でイメージの力を活用して、感謝する

　食事をとるときや、洋服などを着ているとき、散歩している時、心にいつもよいエネルギーを受け取っているとイメージしてください。

　目の前の食事に、使っているすべてのものに、置かれている環境に常に感謝の気持ちをもって受け取ることによって、多くのものから良いエネルギーを与えられるようになります。

たとえば、食事をするとき、食材を作ってくれた自然や農家の人、食材をスーパーに運んでくれた人、レジの人、食器やお箸を作ってくれた人に感謝をしながら、この食事は身体に入って命を養ってくれて、ますます健康になることをイメージしていただくと、驚くべき効果が現れます。

● 人間関係

❶自分がどのような人間関係を築いているかを観察すると、自分が今どのレベルで生きているかが分かります。なぜなら、あなたの周りにいる人たちは、あなたの内面が外の世界に投影された結果だからです。つまり、素晴らしい人間関係を築きたいと思うなら、まずは自分の内面を良いエネルギーで満たすことが大切です。

　もしも望ましくない人間関係に悩んでいるなら、どうしてそのような人が自分の人生に現れたのか、内面を振り返ってその意味を見つける必要があります。あなたの内側がその人との関係を引き寄せた理由を理解することで、成長のきっかけが得られるのです。

❷他人から好かれたり嫌われたりすることは、じつはあなたの本質とは直接関係ありません。なぜなら、誰かがあなたをどう感じるかは、その人自身の内面をあなたに映し出しているだけだからです。つまり、他人の評価はその人が自分自身をどのように見ているかを表しているに過ぎません。このことを理解すれば、他人の意見や評価に心を乱されることがなくなり、心がいつも穏やかで安定するようになります。

❸「類は友を呼ぶ」という言葉は、易経の教えからきています。

同じエネルギーや波動を持った者同士が引き寄せ合い、共鳴し合うという意味です。友人や仲間が集まってお互いに響き合うことは、人生の中で大きな喜びをもたらしてくれます。

　最も良い人間関係とは、「完全な自分」を分かち合うことにあります。そのためには、自分自身をどう捉えているか、つまり「セルフイメージ」がとても重要です。自分がどんな人間かというセルフイメージが、周りの人との関係にも大きな影響を与えます。本当の自分を生きていないと、本当の意味での深い人間関係を築くのは難しいかもしれません。

● 生き方

　私たちは、自分の心が映し出した世界に生きています。だからこそ、心の中に美しく壮大なイメージを描いてください。恐れる必要はありません。今日のあなたは、過去に自分がイメージした結果であり、明日のあなたは、今日抱くイメージによって作られるのです。

　自分が何者であるか、それを制限する人誰もいません。もし制限があると感じるなら、それはあなたの心の中にあるだけなのです。「私は○○です」という言葉は、人生を作る大きな力を持っています。「私は」と宣言することが、創造のエンジンをスタートさせ、その後に続く言葉が、人生の方向を決定するのです。

　たとえば、

「私は、必要な食事を必要な量をとって、ますます健康になって来ています」

「私は講師として多くの人に良い影響を与えてきています」

「私は美味しい料理提供するお店のオーナーとして、多くの人に

喜ばれているようになってきています」

…など。

　イメージしたものを現在進行形の言葉を使って宣言して、言葉に出したものを、行動に移して実行していくことで必ず、そのように導かれていきます。あなたはなりたいあなたになれるのです。

● まとめ

「像は形を創る」という言葉は、目に見えないエネルギー（陽）が、目に見える物質（陰）を生み出す法則を表しています。この法則を正しく理解し、使いこなすことで、私たちは不可能と思ったことを可能にし、自分の限界を突破することができます。自分の今までの限界を越えようとしたところに、宇宙からパワーが注ぎ込まれるようになります。無極から太極を生み出す「道」の動きは、私たち誰の中にも備わっている創造神のエネルギーなのです。

　無意識に生きて、気づかないうちに望まない結果を生み出すよりも、意識的に生きて、望む結果を意識的に作り出すことこそが、人生に大きな喜びをもたらすのではないでしょうか。

● 問い

　「私は〇〇です」という〇〇に、生き方の実例にならって自分のイメージを入れてみてください。

現象を通して、本質を観る
易経の秘密　その❻

陰陽対立制約

~すべての方法論は自ら生み出せる~

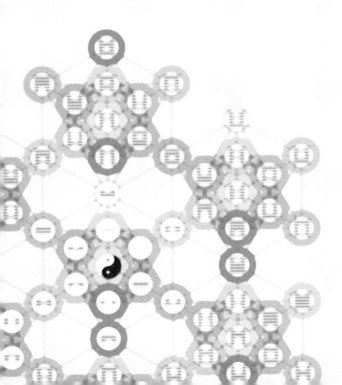

❂大きい革命は大きく乱れた時に起きる

　以前、友人が突然、心筋梗塞で倒れ、生死をさまよったことがありました。いつも元気そうに見えていただけにとても驚きました。

　私たちの人生は変化の連続です。突然の病気や自然災害に直面すると、「どうしてこんなことが？」と「無常」を嘆くこともありますね。しかし、変化はじつは突然起きるわけではありません。何かが大きく変わる前には、必ず小さなサインや兆しがすでに現れていたはずですが、私たちがそれに気づかないことがよくあります。

　自然界では、陰陽は常に動き廻りながらバランスをとっています。病気や自然災害も、大きな意味では、知らない間に崩れた自然のバランスを取り戻すための、一種の「調整」だと考えられます。バランスが大きく崩れると、それを修正するために大きな変化が起きるのです。

　物事は大きく乱れた時に、大きい革命が起きるものです。革命には大きなエネルギーが必要ですね。革命が起きないようにするには大きく乱れる前からその都度少しずつ、修正・調整を行うことです。たとえば、体調が少し不調なときに早めに対処することで、大きな病気を防ぐことができます。日常生活の中でも、バランスを意識して、少しずつ調整・修正を行うことで、大きな問題を未然に防ぐことができるのです。

❂「中する」智恵

　健康な体や人間関係、自然環境を保つには、陰と陽のバランスが大切です。バランスが崩れると、病気や人間関係のトラブル、

環境問題が起こることがあります。常に変化する世の中で、どうやって陰陽のバランスを保つかが、私たちにとって重要な課題となります。**そのためにも陰陽の偏りを調整・修正する方法論を自ら生み出す必要があるのです。**

たとえば、水は火を消すことができ、暗闇は光で消すことができます。これは誰もが知っている常識ですね。

陰陽はお互いに対立した性質をもっているから、一方がもう一方を制約することができます。これが「陰陽対立制約」というシンプルな法則です。このシンプルな法則があらゆる問題解決の方法論に繋がっていきます。

この法則を応用して中医学（漢方医学）では、体の診断や治療が行われています。

私たちの身体は熱がこもりすぎても、冷えすぎても陰陽のバランスを崩し、病気の原因になります。理想的な体温は36〜37℃ですが、少しでも前後すると体調に異常を感じます。

暑くも寒くもない、つまり陰陽のどちらかに偏らない中庸の状態が健康だといえるのです。

中医学では身体に余分な熱がこもったら、冷やす性質の生薬を使って熱を取り除いて、一方、身体が冷えていれば、温める性質の生薬で陽気を補います。

人は体質がそれぞれ違うから、人に合わせてオリジナルの治療を施す必要があるのですが、万人共通な目的は陰陽のバランスを整えることです。

さらに、地球と太陽の関係を考えてみてください。

地球が少しでも太陽に近ければ、暑すぎて人間は生きられません。逆に、遠すぎれば寒すぎて凍ってしまいます。今、私たちが

快適に暮らせているのは、地球が太陽との絶妙な距離を保っているからなのです。

私たちの命は陰陽の二つのエネルギーで成り立っており、どちらかが欠けても生きていけません。だから私たちが健康に生きていくための不可欠な条件として「陰陽のどちらの方にも偏らないバランス感覚」が必要なのです。

易経64卦＊には「乾為天(けんいてん)」と「坤為地(こんいち)」の卦があります。

乾為天と坤為地は、64卦の一番目と二番目の卦にあたり、ひとつは純粋な陽の卦で、もうひとつは純粋な陰の卦になります。この陰陽が交じり合って生み出されたのが、それぞれ陰陽が交じり合った62通りの卦になります。「乾為天」「坤為地」は「父母卦」

乾為天 (けいいてん)

坤為地 (こんいち)

＊ 易経64卦の全体概念は、p.183「人生における八卦・六十四卦からの学び」の章を参考にご覧ください。

坤（地）	艮（山）	坎（水）	巽（風）	震（雷）	離（火）	兑（澤）	乾（天）	←上卦 ↓下卦
11.地天泰	26.山天大畜	5.水天需	9.風天小畜	34.雷天大壮	14.火天大有	43.澤天夬	1.乾為天	乾（天）
19.地澤臨	41.山澤損	60.水澤節	61.風澤中孚	54.雷澤帰妹	38.火澤睽	58.兑為澤	10.天澤履	兑（澤）
36.地火明夷	22.山火賁	63.水火既済	37.風火家人	55.雷火豊	30.離為火	49.澤火革	13.天火同人	離（火）
24.地雷復	27.山雷頤	3.水雷屯	42.風雷益	51.震為雷	21.火雷噬嗑	17.澤雷随	25.天雷无妄	震（雷）
46.地風升	18.山風蠱	48.水風井	57.巽為風	32.雷風恒	50.火風鼎	28.澤風大過	44.天風姤	巽（風）
7.地水師	4.山水蒙	29.坎為水	59.風水渙	40.雷水解	64.火水未済	47.澤水困	6.天水訟	坎（水）
15.地山謙	52.艮為山	39.水山蹇	53.風山漸	62.雷山小過	56.火山旅	31.澤山咸	33.天山遯	艮（山）
2.坤為地	23.山地剝	8.水地比	20.風地観	16.雷地豫	35.火地晋	45.澤地萃	12.天地否	坤（地）

六十四卦

と呼ばれ、62人の子どもを生み出しているようなイメージです。

62卦は陰陽それぞれの配置も、バランスも異なっています。異なる陰陽のバランスの中では、異なる問題点が現れますが、あらゆる問題点を解決していく方向性は陰陽どちらにも偏らない「中庸」という理想にあります。

易経の中では「中を得る」、「中する」、「中和」、「時中」というように「中」の言葉が多く出ています。「中」は、陰陽の調和、偏らない、行き過ぎないといった、その時々で適切な意味があって、「中」が出てきたら「凶」にならない法則になっています。「中する」というのは生き方においても大きい智恵になります。

「中する」という概念は、極端なものを避け、バランスの取れた適切な状態を目指すことを意味します。これはただ単に平均点を取るのではなく、状況に応じた最適な道を選ぶことです。つまり、

妥協とは異なり、譲歩でもなく、より高次のバランスや調和を追求する行為です。

　陰陽のバランスを保つ「中庸」の状態が理想ですが、陰陽が交じり合うというと変化を生み出すので、陰陽の動きはどこか一定のところで止まっているというわけではありません。いつも動きまわって変化しているから、偏っていることが「常」ということです。一年の昼夜の時間のリズムで見ても、陰陽が中庸の状態になっている時は「春分」と「秋分」のたったの２日間だけなのです。あとはほぼ寒い陰に偏ったり、暑い陽に偏っていることが多いのです。

　しかし、１年の全体を見た時には、春夏と秋冬が交替で現れ、昼と夜が常に繰り返しています。大きくみたら陰陽のエネルギーは動き回る中で全体としてバランスをとっているのです。

人間的な陰陽のバランス感覚

　自然は愛に満ち溢れていますが、感情はなく、ひたすら厳格な規律や摂理に基づいて変化しています。一方、人間は選択の自由を与えられているので、怒ったり、悲しんだり、喜んだり陰陽の偏りの感情体験も自分の意志で選ぶこともできます。

　陰陽のどちらかの感情に強く偏ることによって、私たちの人生においてはさまざまなドラマを生み出されますね。

　現実世界で起きることは、自分の意識が投影されたものだから

こそ、内面の陰陽の調和が外の現象世界の調和をもたらします。

　もし、あまり望ましくない感情で悩まされている場合は、私たちの潜在意識の中にどんな「種」がまかれていて、どんな考え方を受け入れてきたかを知れば、問題解決の糸口をつかめます。

　多くの問題は、私たちの潜在意識の中にあまり望ましくない暗示が入り込んでいることが原因です。たとえば、病気になるのではないか、お金が足りなくなるのではないか、仕事で失敗するのではないかというような不安や心配は、まだ起きてもいないことに対するネガティブな「陰の志向」です。

「陰の志向」は人類が危険から身を守るために必要なものではありますが、行き過ぎると苦しみが増えて、人生がうまく進んでいかなくなります。

　こうしたネガティブな暗示は、親や先生、ニュース番組や友人の何気ない言葉から、無意識のうちに私たちの潜在意識の中に入り込むことがあります。

　成熟した意識はネガティブな暗示から自分を守ることを知って、随時排除しますが、そうでない場合は潜在意識が危険な暗示に晒される場合があります。

　ネガティブな暗示を取り除くには、強い反対の暗示を与えることです。とてもシンプルな理論ですが、光を当てれば闇はたちまち消えます。病気になりたくないなら、健康だという意識でいることが必要です。お金が欲しいなら、豊かな意識をもつことです。仕事で成功をしたいなら、仕事で成功する自分をイメージすることが大切です。

　一方でポジティブばかりに偏ってしまう「陽の志向」もまた危険です。楽観的すぎると危機意識が薄れ、知らないうちに大きい

な問題に直面することがあります。元気はつらつ、陽気がいっぱいの人は、身体につい無理をさせてしまう傾向があります。疲れが溜まっても気づかないことがあるので突然、倒れることもあるのです。

陰陽どちらかの志向に偏りすぎない、人間的なバランス感覚がある人がより健康的な人生を歩むようになります。危機意識や物事を全面的に考える慎重さは常に保ちつつ、前向きに明るく前進するという陰陽のバランスが取れた人生態度が、私たちの人生を実りが多いものにしてくれます。

❀「陰陽対立制約」の考えを基に生み出す方法論

私たちは、新しいことを学ぶときに、まずは基本的な方法論を学ぶことが多いはずです。たとえば、スポーツの世界では、正しいフォームやルールを学びます。芸術では、絵の描き方や色の使い方を学びますし、学問でも、基本的な理論や解き方を学びます。これらの基本は、先人たちが長い時間をかけて積み上げてきた知恵や経験の結晶です。

しかし、基本を学んだ後は、自分で応用する力が求められます。たとえば、野球のピッチャーが基本の投げ方を習得した後、試合で状況に応じた投球を考え出すのと同じです。芸術家が基本の技法を学んだ後、独自のスタイルを作り上げるのもそうです。学問でも、基本の理論を理解した後、自分の研究や発見を加えて新しい知識を生み出していきます。

陰陽対立制約——この法則を理解すると、自分にとって最適な方法論を生み出すためには、どちらか一方に偏ることなく、バランスを取ることが重要だとわかります。たとえば、スポーツでは

易経の秘密　その⑥　陰陽対立制約　〜すべての方法論は自ら生み出せる〜

攻撃と守備のバランスが必要ですし、芸術でも自由な表現と技術のバランスが求められます。学問でも、理論と実践のバランスが大切です。

「守・破・離」という言葉があります。これは、何かを学ぶときのプロセスを表しています。

❶ **守**：基本をしっかりと守ること。まずは既存の方法論を忠実に学び、その通りに実践することが重要です。
❷ **破**：基本を守った上で、少しずつ新しいことに挑戦してみること。既存の方法論を応用し、自分なりの工夫を加えていく段階です。
❸ **離**：基本や応用を完全に自分のものにしたら、独自の方法論を生み出していくこと。ここで初めて、自分だけのオリジナルなスタイルが生まれます。

「守・破・離」のプロセスを経ることで、単なる真似ではなく、しっかりした基本をまもりながらも、自分にあったオリジナルな方法論を作り出すことができるのです。これが「陰陽対立制約」の法

則と結びつくことで、より深い理解とバランスを持った方法論を生み出すことができるようになります。

● 健康面

❶考え方の陰陽の偏りを調整する

　私たちの考え方には、ポジティブとネガティブの両面がありますが、どちらかに偏りすぎると、心と体のエネルギーのバランスが崩れてしまうことがあります。これは、健康にも大きい影響を及ぼすことがあるのです。

　たとえば、ある人がいつもポジティブで「何があっても大丈夫、何も心配いらない」と考えすぎているとします。最初は気分が良いかもしれませんが、時には現実の問題を見過ごしてしまい、対処すべきことに気づかず、後で大きなストレスを感じることになるかもしれません。逆に、いつも「自分には無理だ、何をやってもうまくいかない」とネガティブに考えすぎると、その思考がストレスとなり、心が疲れてしまうことがあります。

　このように、ポジティブすぎたり、ネガティブすぎたりする考え方は、心と体のエネルギーのバランスを崩してしまう可能性があります。だからこそ、両方の考え方をバランス良く取り入れることが大切です。

　たとえ頭では分かっていても、考え方を変えるのは簡単ではありませんね。しかし「バランスを取ることを意識する」だけでも潜在意識にその指令が伝わり、心と体のバランスを取ろうとする力が働きます。

❷生活の中の陰陽・動静のバランスを修正する

　私たちはよく「一生懸命働くことが大事だ」と教えられますが、

働きすぎると体が疲れすぎてしまいます。心や精神には限りがないかもしれませんが、体のエネルギーには限界があります。動きすぎると、陽のエネルギーが活発になる一方で、それを支える「陰」のエネルギーが減っていきます。

だから、忙しい人こそ「休むこと」を意識するのが大切です。仕事の後にゆっくり休む時間を持ったり、週末に何もしない時間を作ったりすることで、心と体のバランスが整います。たくさん話す仕事をしている人なら、誰とも話さない静かな時間を取ることも大事です。

逆に、あまり体を動かさない人は、少し運動を取り入れるといいでしょう。

普段と逆の行動をとることは、心と体のバランスを保つためにとても効果的です。いつも同じ場所や姿勢で過ごしていると、無意識に体や心に偏りが生まれることがあります。たとえば、いつも食卓の左側に座ってテレビを見ているなら、たまには右側に座ってみることで、新たな感覚が生まれ、バランスが整います。

日常の小さな行動でさえも、逆にしてみることで新しいエネルギーを呼び込み、心身の調整に役立ちます。この意識的な工夫が、日々の生活に健康と調和をもたらします。

❸食の陰陽のバランスを考える

テレビや雑誌で「生姜や納豆が体に良い」と聞くと、理由を知らなくても「健康に良いから食べよう！」と思うことがありますよね。でも、誰にとっても同じ食べ物が良いとは限らないのです。

人それぞれ、体の陰陽バランスが違います。たとえば、Ａさんには薬のように良い食べ物でも、Ｂさんには逆に毒になることがあるんです。だからこそ、自分の体が陰陽のどちらに偏ってい

るのかを知り、それに合った食材を選ぶことが大切です。

　体が冷えやすい人には温める効果のある食材（陽の食材）が良いのですが、体が熱っぽい人がそれを食べると、さらに体が熱くなって不調の原因になります。このように、自分の体に合った食べ物を選ぶことが、健康の秘訣なのです。

❹取捨のバランスを考える

　私たちの体は、食べ物を消化して必要な栄養を取り入れ、不要なものを排出するという重要な働きをしています。この作業は体が自動的に、しかも完璧に行ってくれます。

　しかし、恐れや不安、心配といった感情が強くなりすぎると、体のこの働きがうまくいかなくなり、健康に悪い影響が出ることがあります。

　そこで、食べ物だけでなく、感情も自分で「これは必要」「これは不要」と取捨選択して調整することが大切です。これは、私たちが自由に決められることなのです。

● 人間関係

　私たちが生きるために必要なエネルギーは、主に「天」「地」「人」の三つから得ています。天からは、目に見えない「氣（エネルギー）」を受け取り、地からは食べ物からのエネルギーを得ています。また、人との関わりを通じて感情のエネルギーをもらっています。

　私たちは自分とは異なる考えや価値観を持つ人々と交じり合うことで、新しい発想や変化を生み出し、成長・発展しくことがあります。しかし、だからといってすべての人と無理に仲良くする必要はありません。

　人との関わりの中で、ある人からは元気や活力をもらえること

もあれば、逆に心身とも疲れてしまうこともあります。限られた時間の中で、どんな人とお付き合いをしていくかは人生においても重大な影響があります。食材や感情を選ぶように、人間関係も選んでいくことが必要なのです。

　時には、誰かとの関係を、愛を持って手放すことが、その人が本当の自分を生きるきっかけにもなります。必要以上に親切にすることが、逆に相手の成長を妨げることもあります。

　人間関係の目的は、互いに自分らしさを分かち合うことです。人に過度に期待しても、過度に期待に応えようとしても、人間関係のバランスが崩れてしまうので、中庸の精神を保つことが大切です。中庸の実践は、心の安定や人間関係の調和をもたらし、より健全で充実したコミュニケーションを促進することができます。

● 生き方

　自分らしさを発揮して成功することは素晴らしいことですが、たとえば有名になって超多忙な毎日を送ると、体力を過度に消耗させてしまいます。すると陰陽のバランスが崩れやすく健康リスクが高まります。また、忙しすぎると新しいことを学ぶ時間が減り、内面の充実が難しくなります。人は常に学び続けることが必要であり、学んだことをまた他者に貢献して、社会のエネルギーを循環させることも大切です。

　動物が冬に冬眠して体力を回復させるように、私たちも日々の忙しさの中で、自分自身を振り返る静かな時間を設けることが重要です。この内省の時間をもつことで、人生に良いリズムが生まれ、健康的で充実した生活を続けることができます。

● まとめ

「陰陽対立制約」の法則は、陰と陽は互いに対立した性質をもっているからこそ、一方がもう一方を制約できるという法則で、すべての問題を解決する上にあたっての方法論につながります。

生活の中で起きてくるさまざまな問題の性質は違えども、解決する方向性は共通して陰陽のバランスを整えることです。

何事も陰陽のバランスが取れた「中庸」な状態が理想ですが、一方で、いつもバランスが完璧であれば悩みも問題も起きなくなります。悩みや問題がなければ成長のチャンスもなくなってしまうので、人生が退屈なものになってしまうかもしれません。

問題があるからこそ、人生の課題が生まれ、その課題に取り組むために、私たちは学び続け、人生を体験することができます。陰陽のバランスが偏ることは悪いことではなく、むしろそれが私たちの個性です。この偏りがあるからこそ、私たちは自分自身を発見し、成長し続けることができるのです。

● 問い

気分がどうしようもなく落ち込んだ時、あなたはどのような方法で自分を立ちなおらせることができますか？

変化に自在に対応して「時中」を生きる
易経の秘密　その⑦

陰陽消長平衡
～人生の成功者になる「時」の法則～

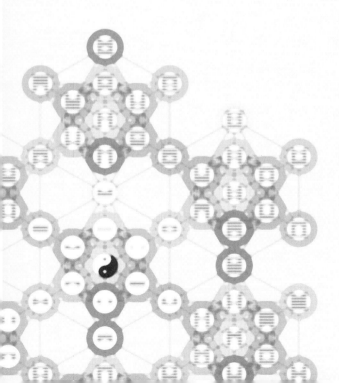

❂人生の陰陽の時間サイクル

「将来、何かやりたいことある？」と、以前経営していた店で20歳の若者に質問したことがあります。

その時、以下のような会話が繰り広げられました。
「え〜 …特に、これっといってないんですよね〜」
「就職はどうするの？」
「楽なところがいいです。厳しくされるとすぐ辞めちゃいますから」
「そうなんだ…ところで春夏秋冬の話ちょっと聞いてくれる？ある人が春に種撒くのが大変といって、種撒きをさぼりました。夏も暑いので、涼しいところで遊んでいました。すると秋は当然収穫できるものは何もなく、他人の籠の中の果実を見ながら、羨ましいと思いました。冬になったら、食料がないことに気づいて、汗かきながら必死で探し回りました…これはね、人生で例えると、若い時に楽に楽に生きた結果、80歳、90歳になって、生活のために必死になっている姿だけど、これ、どう思う？」
「え〜 いやかも…」
「人生には青春、朱夏、白秋、玄冬というライフサイクルがあるんだよ。青春の時に流した汗や涙はなんだか美しくて、頑張れ！と応援したくなるけど、年老いても生存のために必死に働かなく

てはならなくなったら、ちょっと大変だと思わない？」

「ですよね。だけど、やりたい事が見つからないんですよね…」

　我々の青春の時代は物も情報も少なかったせいか、夢は多かったように思えます。将来「何かを持つ」、「何者かになる」事を想像しながら、わくわくして憧れていたものです。

　現代は物や情報が溢れている時代。欲しいものはすぐ手に入れることができ、欲しい情報は瞬時に取得できます。こんな時代に「夢」を持つというのは容易なことではないのかもしれません。スマホを開けば、五感を刺激してくれるさまざまな情報が次々と新しく更新されています。断片的な情報の波の中で、外から与えられる瞬間的な快楽に浸っていたら、人生を深く考える間もなく、時間はあっという間に過ぎ去っていきますね。

陰陽の活動──消長平衡

　１日の時間リズムを観た時、明るい陽の時間があれば、暗い陰の時間もあります。人生においても同じく活動しやすい陽の時間もあれば、ゆっくり静を楽しむ陰の時間もあります。

　私たちがどんなに望んだところで、時間は一カ所に止まっていることはありません。

　陰と陽は常に動き回りながら変化をするわけですが、その変化の過程には「陰陽消長平衡」という法則が働いています。

「消」は消されること、「長」は成長、伸ばすことです。自然の動きを観ると、朝から昼にかけて陽気が成長するときは陰気が消され、夕方から夜にかけて陰気が成長するときは陽気が消されていきます。１日や１年の時間リズムで観ても陰陽は互いに消し合ったり、伸ばし合ったりしながら消長活動を行っています。

121

１日の陰陽の変化

　そして暑さが去ったら寒さが来て、寒さが去ったらまた暑さが来て、時は循環して動き回りながら「平衡」というバランスをとっています。

　移り行く時の流れの中で、どの「時」に何をするかというのは、人生の成功者になれるかどうかの大切な要素になります。

　易経にはこんな言葉があります。

「天が時を得なければ、月日に光がなく、地が時を得なければ、万物は生まれず、人が時を得なければ利運が通らない」

　幸運の人生を歩んでいる人は、間違いなく正しく「時」を活用して、自然体で生きています。春に種を撒いたら、その種が芽吹いて植物は成長していきますが、凍った大地に種を撒いても決して発芽することはありません。人生において努力することは大事ですが、「時」を間違えたら努力してもなかなか報われないものです。

　春に種を撒くように、その時ぴったりのことをすることを易経

では「時中」と言います。「時」を読み、兆しを察してその時ぴったりの行動をとることで、私たちの人生も無理なく発展していきます。

万事、やはりタイミングが大事ですね。やりたいことがあっても、後でやろうとか、いつかやろうと後に伸ばしてタイミングを逃したら、日が暮れたり、年を取って思うように動けないなど、物理的にできなくなってくるのです。

龍の成長の物語から観る「時」の活かし方

誰もが人生で与えられた時間を有意義に、幸せに過ごして、人生の成功者になりたいと思うものです。

ではどうしたら幸せな人生の成功者になれるでしょうか。

まず、「幸せ」についてお話しますと、外から何かを与えられて感じる幸せは、幸せの条件が外にあるので、その条件が変わると幸せな状態も簡単に変わってしまいます。

忘れてはいけないのが、私たちが自身の運命の「創造者」であることです。

私たちの意識や心がすべての根源になります。外のいかなる要素にも影響されない安定した「心」があれば、幸せな人生は自らの内側から創造できるようになります。

そして真の「人生の成功者」とは、名声や財産をどれだけ所有しているかとは関係なく、自分らしく創造的な人生を楽しんでいる状態だと言えます。

易経64卦の第1卦 「乾為天」では人生の成功者になる「時の法則」を教えてくれています。

乾為天では創造者の象徴として、龍が登場します。龍は西洋で

乾為天（けいいてん）

はドラゴンといって邪悪の存在とされていますが、中国では尊い存在として崇拝されてきました。最高権力の黄帝のシンボルでもありました。

　龍は海の中を潜ったり、空の上を飛び舞ったりと柔軟にさまざまな変化に対応できる素晴らしい能力の持ち主の象徴です。しかし能力者だからといって、必ず人生の成功者になるわけではありません。

　人生を成功させていくには法則に準じる必要があるのです。

　乾為天には、この卦の全体の意義を示すところで、「元いに亨る、貞しきに利し」という言葉があります。

　その意味は、「望みは大いに亨る。正しい態度を持続するとよろしい」ということです。

　この文の中の「元」「亨」「利」「貞」という、四つの漢字の裏には、人生の成功になるための深いメッセージが込められています。

「元」「亨」「利」「貞」はまさに春夏秋冬の時の法則でもあり、

因果の法則でもあります。

「元」は春に種を撒くように、物事の始まりのタイミングの大切さを説き、「亨」は春に芽吹いたものを夏にしっかり世話して育てるから秋の収穫に通っていくことを教えてくれ、「利」は秋の収穫の時季に合理的に利益を分配する意味を説き、「貞」は自然の摂理を正しく守ることで次の循環を生み出せる大切さを示してくれています。

このように、「元」「亨」「利」「貞」は自然界で命が芽吹き、芽吹いた命が、成長、成熟して、次の循環を起こす原理を説いています。

この原則を、人生に当てはめると、以下のようになります。

「元」⇒純粋な動機をもって、物事を正しいタイミングで始める。
「亨」⇒始めたものは、慎重に、コツコツと大事に育てていくことで成長、発展する。
「利」⇒成長・発展して利益を生み出したなら、それを合理的に分配する。
「貞」⇒自然の摂理に逆らわない正しさを貫き通すことで、人生の次元上昇が起こる。

「元」「亨」「利」「貞」は四徳と呼ばれ、どの部分が抜けても、循環が途中で止まり前進できなくなります。

自然の営みも、人間の営みも同じく、生まれたものが成長、熟成、収穫、衰退の過程を経ていきます。自然でも人生でも春夏秋冬のそれぞれの時のタイミングで、その時々でやるべきことがあるということですね。

さらに、易経の「乾為天」では龍の六段階の成長物語を通して、人生の「時」の過ごし方を示してくれています。

❶潜龍期：自分の内面に力を蓄えながら、世に出る準備をしている時。この時期は表立った活動は控え、内面を充実させながら、忍耐強く過ごすことで、将来の飛躍につながります。

❷見龍期：立派な人に学びながら、少しずつ自分を表現し始める時。この時期は自分の存在を周囲に知ってもらい、信頼関係を築く時です。

❸惕龍期：表舞台で活躍し始めるが、多くの注目を集めることで、危険も伴います。だからこそ誰に対しても「礼」を失わないよう慎重に警戒する時。

❹躍龍期：さらに次元が上昇し、高いステージで活躍するが、まだ自分の新しい立場に戸惑う時期。

❺飛龍期：この段階は、人生の最盛期。自分の力を存分に発揮し、雲を呼び雨を降らす龍のように周りに大きい影響を及ぼす時。

❻亢龍期：頂点に達した後も、さらなる高みへ昇りつめようとして、驕り高ぶって一気に落とされて後悔する時。

　この成長の流れは、物事を始めてから完成させるまでのさまざまなステージを表しています。志をもって前進する人は、まさに龍のような成長段階をたどっていきます。

　最盛期である飛龍期から亢龍期にいくかどうかは、必ずというわけではなく、多くは戒めの意味があります。しかし、「陽極わったら陰になり、陰極まったら陽になる」というのも、もう一つの陰陽の法則です。一番上まで昇りつめたものは、必ず降りてくる運命になるのですが、自ら緩やかに降りてくるのか、それともそ

の立場に執着するあまり、無理やり落とされて傷つくことになるのかは、その人の自身の選択に委ねられています。

龍のように才能があるにしても、必ず人生の成功者になるとは限りません。自分の才能を表現するにも、「時」と「立場」を考えないと災いすら招くことがあります。まさに「**能ある鷹は爪を隠す**」ことも必要です。

「**元**」「**亨**」「**利**」「**貞**」**と龍の成長物語が教えてくれるのは、正しい時に、正しい位置にいて、正しい行動をすることで、人生の成功者になれるというシンプルな法則です。**

❀自然の「時」のリズムを生活で生かす

時の陰陽は常に消長活動をしながら変化を繰り返しています。

たとえば、昼間の明るい時間帯が好きな人も多いですが、もし昼がずっと続いたら、人は体力消耗が激しくなり、生きていけなくなります。一方、夜が永遠に続けば、心も体も元気を失い、活力が湧かなくなるでしょう。このように、昼と夜が交互に訪れるからこそ、私たちは活動と休息のバランスを取り、健全な暮らしを続けることができるのです。

昼と夜、そして春夏秋冬の「陰陽」の時間が与えられていることが、じつは自然神からの愛のプレゼントなのです。日常生活の中でも陰陽の時間を正しく活用することが、命を無理なく成長させていくことになります。

● 健康面

❶春夏は陽を養い、秋冬は陰を養う

陰陽の消長活動によって、天地の氣が変わります。春夏秋冬の

季節の特徴が現れるのはこの氣の変化によるものです。氣は方向性をもつのですが、春夏の陽気は外に上に向かって発散し、秋冬の陰気は中に奥に蓄えようとしています。

　このエネルギーの方向に準じて、春夏は自分の余分なものを取り出すようにして、身体の大掃除を心掛け、秋冬は潤いを取り入れて栄養を蓄えることが大事です。

　身体にとっても、この循環が平衡していることが健康にもっとも望ましいことなのです。

　これを養生の観点から言うと、春夏は陽を養い秋冬は陰を養う、ということになります。

❷旬の氣をいただく

　食材はすべて天地の氣が集まったものです。春夏秋冬は「氣」というエネルギーの変化が起きていますので、旬の食材の中にその季節の氣が宿ります。

　春は芽吹くエネルギーなので、新芽や発芽するもの、葉っぱなどに天地の氣が宿ります。

　夏は葉もの野菜や花類、秋は果実、冬は根野菜にそれぞれの季節の氣が宿るので、その時々の氣をいただくことで、自分の氣を養うことができます。

❸身体のエネルギーの消長平衡

　身体にも「氣・血・水」という陰陽のエネルギーが常に消長平衡活動を行っています。

　活動的になって陽気が強くなると陰気（血水）は消耗されていきます。反対に陰気（余分な水分など）強くなると陽気が消されていきます。

　陰陽のエネルギーは常に動き回りながら、バランス（平衡）を

保とうとしています。とうとう陰陽の偏りが甚だしくなると、平衡を取り戻すために、破壊（病気）をして、再建をしようという自動調整機能が働きます。日常生活の中での陰陽のバランスに気をつけましょう。

❹夏の生姜、冬の大根は医者いらず

中国では昔から「夏の生姜、冬の大根は医者いらず」という言葉があります。

夏は身体の陽気が外側に向かっているので、内蔵は冷えやすくなって、消化力が弱まりやすくなります。なので、生姜を食べて胃腸を温めてあげることがバランスを取ることと考えられています。逆に冬は陽気が中側に集まり、臓器に内熱がこもりやすいので、大根を食べて内熱を取るといった意味があります。同じような道理で、「朝の生姜、夜の大根」という言葉もあります。夜は陰の時間なので、生姜のような陽気を呼び起こして発汗作用があるものは、身体の興奮を招き、睡眠に影響するといった意味があります。食材も時によって正しく活用することが、真の健康につながります。

❺自然のリズムに寄り添って生きる

昼間の陽の時間に活動をして体力消耗したら、夜の陰の時間はしっかり身体を休ませてあげるというのが、陰陽の「時」を正しく活用していることです。昼夜逆転の生活を続けていることは不自然な生活様態になり、不自然な状態が積み重なると命の損傷を招くことになります。自然神のプレゼントをしっかり受け取ることは、自然の時のリズムに寄り添って生きるということです。

● 人間関係

　人間もそれぞれ性質というものがあるので、それぞれ陰と陽の属性に分類することができます。男性を陽、女性を陰、活動的な人を陽、静かな人を陰、ポジティブの人を陽、ネガティブの人を陰に分類することができるのですが、陰陽の属性の者の間にも陰陽消長平衡の法則がいつも働いています。

　たとえば一つの家庭の夫婦関係でいうと、夫が活動的な人であれば、妻が静かな人が多いです。もし両方とも活動的な人であれば、家庭の平衡が取りにくくなります。一方で妻が外で大活躍すると夫が大人しくなりがちです。中には夫を活躍させるために妻はわざと才能を隠して、家で専業主婦に徹するケースもあるかもしれません。

　そして一般的に人間関係においても、あちら側がポジティブすぎると、こちら側はネガティブになったり、あちら側がネガティブになったら、こちら側はポジティブになって励ます側に回ったりと、相手の状況によっても、自分のマインドが変化して、知らずしらずに全体としてバランスを取ろうとしている傾向があります。

　そして人間関係においても「時」を用いるということはとても大切です。

　才能があっても、それを表現すべき「時」なのか、言いたいことがあってもそれを言ってよい「時」なのか、空気を読み、時を見極めないと、人間関係の不調和と災難を招くこともあるのです。

易経の秘密　その⑦　陰陽消長平衡～人生の成功者になる「時」の法則～

● 生き方

　陰陽が常に消長平衡活動をしているということは、物事は常に変化を繰り返しているということです。たとえ今、暗黒の時代でも、このような暗黒の時代がいつまでも続くということではないのです。暗闇はいつか朝の光で消えていくように、またやがて明るい時代がやってきます。どの時代にどんな生き方を選ぶのかは、人生の質に大きい影響を与えます。

　論語の中にはこのような言葉があります。

「子曰く、甯武子は、邦に道あれば則ち知、邦に道なければ則ち愚なり。その知は及ぶべきなり、その愚は及ぶべからざるなり」

　この言葉は、孔子が古代中国の賢者・甯武子について語ったものです。意味を簡単に言うと、甯武子は国に正しい道があるときは賢くふるまい、国に正しい道がないときはあえて愚かに見えるように振る舞ったということです。

　つまり、甯武子は国の状況に応じて、知恵を使うべきときには賢く行動し、逆に混乱しているときには、賢さを見せずに「愚かに見せかける」ことで無駄な争いに巻き込まれないようにしたということです。彼の知恵は誰でも真似できるけれど、その愚かさを装う奥深い判断は、誰でもできることではないという意味になります。

　混乱の中で無闇に賢さを示すよりも、必要な時に備えて力を蓄えることが賢明な選択となる場合もあります。

　この教えは、時と状況に応じた柔軟な対応の大切さを示していると解釈できます。

　私たちの人生の中でも、社会的な大きい環境の影響を受けて、

131

前進を止められる時がありますね。そのような時こそ、無理に進もうとせずに、一旦、立ち止まって自分の内面を充実させながら、次のチャンスを待つということも、賢い生き方だと言えます。

● まとめ

「陰陽消長」というのは、陰陽の動きや変化の本質を表しています。陰と陽は互いに影響を与え合い、消したり成長させたりしながら常にバランスを保っています。この世の中は、大きなエネルギーの観点から見ても、全体としてバランスが取れているのです。

この変化の法則を理解すると、心穏やかに変化に備えることができます。たとえ今、辛い状況にいるとしても、それが永遠に続くわけではありません。時は常に変化しており、状況も変わっていくので、未来に希望をもつことができるのです。

多くの人は変化を好まず、安定を求める傾向があります。しかし、安定は理想に過ぎず、実際には不安定こそが「常」と言えます。だからこそ、時を読み、兆しを察知し、変化を恐れずにその時に最適なことをすることで、天の助けを得られて、人生をより良く生きることができるのです。

● 問い

あなたにとっての「時中」、つまり、今、この時にやるべきことは何だと思いますか？

変化に自在に対応して「自分」を生きる

易経の秘密　その⑧

陰極まったら陽になり、陽極まったら陰になる

～不運が幸運のはじまり～

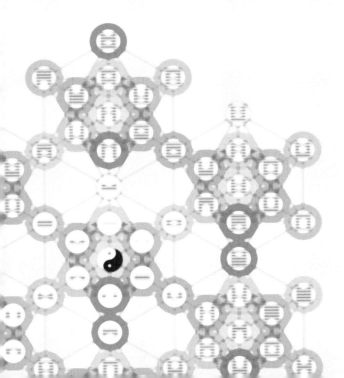

幸運は不運の顔をして現れる

　長い人生、いいことばかりではないですね。時には突然、予期せぬ不運に見舞われることもありますよね。思えば30歳代前半に重大な病気を患い、立て続けに失業・失恋をして、人生真っ暗に感じた時もありました。

　しかし大変な時は、大きく変わる時。今思えば不運がまさに幸運の始まりでした。

　困難に直面すると誰もが、不安と恐怖に襲われて気分も落ち込みますが、本能的にその状況をなんとか突破したいという思いも強くなります。

　ずっと平和で幸せな生活が続くと、人はあえて何かを学んで現状を変えようとはしないかもしれません。しかし困難な時はもはや学ばないと状況を変えることができないので、真剣に学ぼうとするのです。

　私個人の場合は、なぜ私は病気になったんだろうと思い、最初に中医学や薬膳を学び始めました。するとそこには医学だけではなく、生命哲学、宇宙の法則という今まで想像もつかなかった壮大な世界が広がっていました。

　病気になった初期は、悲劇のヒロイン状態に陥り被害妄想的な考えになっていましたが、中医学の学びを通して、この病気はなるべくしてなったんだ、知らずしらずのうちに自ら創り出したものだと心から納得がいくようになりました。

　じつは中医学には「病気」という概念はないのです。病気はあくまで結果であって、現象なのです。原因は私たちのエネルギーバランスの失調だと言われます。陰陽のエネルギーが過不足どち

らかに偏った時、病気という現象を生み出すのです。

　だから中医学では病気を治療するのではなく、陰陽のエネルギーの偏りを調整するのです。陰陽のエネルギーバランスが相対的に整ったら、病気と言われる現象は自然と消え、本来あるべき健康な姿に戻ることができます。

　中医学を学んで陰陽のエネルギーバランスは何も身体の健康の問題だけではなく、人間の運命にも関わり、自然万物のあらゆる原理になっている宇宙哲学なのだと思い、とても興味を惹かれました。

　この神秘的な陰陽の概念はどこから来たのかなと思い、調べて辿り着いたのが「易経」という中国最古の哲学の本でした。易経を学び始めて一気に精神世界が広がりました。それまで理解できなかった人生問題も、宇宙の法則を通してすっきり理解できるようになり、ずいぶんと生き方が楽になりました。

　振り返ってみると中医学や易経に出会えたお陰で自分らしく創造的な人生を生きることができました。そして、何よりも人生の本質的な喜びについて、気づくことができたのです。

　幸運というは、不運の顔をして現れてくるものですね。人生最悪だと思うところにじつは最高のチャンスが隠れているものです。

　物事はどん底に落ちた時にこそ、反対の方向に転じるという強力なエネルギーが働くようになります。黎明の前は一番暗いものです。夜の陰の時間が一番深まった瞬間から、一筋の陽が入り、明るい方向へと転じていくのが自然の道理なのです。

　これは「陰極まったら、陽になり、陽極まったら陰になる」という陰陽転化の法則です。

　月も満月になった途端、欠け始め、新月になった途端、また満

ち始めます。

　1日単位で見ても陰陽は消長活動を繰り返し、陽気が最高に長じた正午になったら、一筋の陰気が入り、陰気が最高に長じた時はまた陽気に転換していきます。自然はずっとこれを往復循環しているのです。

吉・凶・悔(かい)・吝(りん)

　人生に大きい波乱がなく、平穏無事で過ごすのは、本当は幸せなことかもしれません。しかし、長いスパンで見ると、もしかしたら、順境は不幸なこととともいえます。
「人生万事塞翁(さいおう)が馬」とも言われ、逆境に見舞われ、苦しい思いをしている時こそ、そこから学ぶきっかけを得て、人生が大きく転換していきます。ずっと守られた環境で生きてきて、何も失敗を経験していない人生では学びのチャンスを得られないので、陰陽が大きく転化するチャンスも失いかねないのです。
　人は深い悲しみや苦しみを経験した分、幸せを感じる能力も高まり、人生そのものが味わい深いものになります。

それでも私たちは、やはり人生でいいことばかり続いて欲しいと願うものです。

　易経64卦の中では占いのような「吉」と「凶」という言葉がたくさん出てきます。

　多くの人は「吉」を好み、「凶」を嫌います。易経においては、私たちの人生はいつも「吉」「凶」「悔(かい)」「吝(りん)」の繰り返しと言われます。

「吝」は油断すること、何かを出し惜しみしていることを意味し、「悔」は悔い改めることです。

　人生順境の「吉」の状態になっている時、人はつい油断して学びや努力を吝(お)しむようになります。そこからすでに「凶」の兆しが生じているのです。一方、人生逆境の「凶」の状態になった時は、自分自身の考え方や行動を振り返り、どこが悪かったか原因を探し始め、悔い改めようとします。そしてだんだんと「吉」の方に転じていきます。

　たとえば、私たちが健康でいる時には、つい無理をしたり、暴飲暴食をしてしまいがちです。しかし、体調を崩すと「健康が大事だった」と気づき、生活習慣を改め、再び健康を回復していきます。そして健康な状態がしばらく続いたら、「喉元過ぎれば熱さを忘れる」ようにまた身体に無理をさせる行動パターンになるのです。このよ

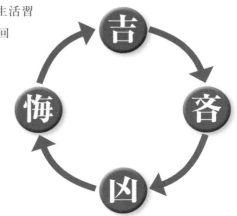

137

うに、私たちの人生はいつも吉⇒吝⇒凶⇒悔⇒吉…のサイクルを繰り返しているのです。

「吉」「凶」「悔」「吝」はどうしようもない自然の規律です。しかし、易経ではこの自然の規律を飛び越えて、相対的に「吉」の状態を長く続けられる智恵を授けてくれています。

長いスパンで観た時、困難は私たちの心を修練し、人生を大きく転換してくれる大切なきっかけになります。しかし、もし同じような問題や困難がたびたび起こる場合は、そこから学び取っていないのかもしれません。

困難から学んで悔い改めるからこそ、人生が好転していくわけですが、実際まだ「凶」に転じてない段階から学びを取り入れたらどうなるんでしょうか。

「吉凶悔吝」というサイクルを、超越するとしたら、吉⇒吝⇒凶⇒悔の順序を逆転させることです。

具体的には、順調な「吉」の時こそ、油断しないように「悔」の心をもつことが大切です。この「悔」とは、内省して学ぶことです。悪い結果や「凶」になる前に、日常から自分を振り返り、考え方や行動を見直すことで、問題を大きくする前に修正できるのです。

特に、物事がうまくいっている時ほど、危機管理の意識が必要です。日々、小さな調整や修正をすることで、大きなトラブルを避けることがで

きます。

　幸運の人は「良い時ほど感謝の気持ちを忘れず、自分を戒める
ことを知り、悪い時は徹底的に学ぶ姿勢を持つ人」だそうです。

　易経64卦では、64通りの人生の「時」と「場面」を通して、ど
うしたら人生が「吉」になるのか、「凶」になるのかをさまざま
なシチュエーションで私たちに教えようとしています。

　吉になるのも、凶になるのも絶対的なものではなく、本当は条
件があるのです。

　神社でお参りしておみくじを引いた時、「吉」が出たら、みん
な喜ぶのですが、「吉」が出ても「吉」の条件を満たさなければ
吉にはならないですし、「凶」が出ても「凶」になる条件が揃っ
てなければ凶にもならないのです。

「吉」になる条件といえば、それはとてもシンプルなもので、自
然の規律や法則にどれだけ寄り添って生きているかどうかではな
いでしょうか？　神社でどれだけ高額な賽銭を積んだとしても、
自然の規律に反することをすれば「凶」になるものです。

　運命において、「吉」「凶」も、私たちがどのように考えて、ど
のように選択して、どのように行動するかによって変わってくる
ものです。

神にも、鬼にも好かれる「吉」の人

　易経64卦の中では、珍しいぐらい最初から最後まで「吉」を表
す卦があります。それは第15番目の謙虚の徳を表す「地山謙」と
いう卦です。

「地山謙」の中でのこのような言葉があります。

139

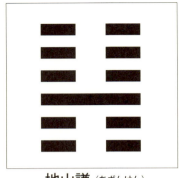

地山謙（ちざんけん）

　天道は、盈ちたるを虧きて謙に益す。地道は、盈ちたるを変じて謙に流く。

　この意味は、「天の道は、満ち溢れるものを削り取って、へりくだっているものに増やす。大地の道は、満ち溢れるものを変化させて、へりくだっているものに注いでやる」ということです。

確かに自然現象で観ると、川の水が溢れ出たものは、地面にくぼみがあるところに、流れ込みますね。

　人間世界に当てはめると、ある人が大きな財産や名声を手に入れ、慢心して傲慢な態度を取るようになると、その人の周囲の人たちは次第に離れ、人間関係が壊れていきます。結果的に、その人の名声や富は徐々に衰退し、孤立していくことがあるでしょう。これは、「満ち溢れるものを削り取る」という天の法則の一例です。逆に、謙虚な人は、周りからの信頼を得て、困った時に助けてもらったり、良い機会が自然と巡ってくることが多いものです。これは「へりくだっているものに増やす」という天の法則が働いている例です。

　そして、「地山謙」ではこのような言葉もあります。

　鬼神は、盈ちたるを害して謙に福す。人道は、盈ちたるを悪みて謙を好む。謙は尊くして光り、卑くして踰ゆべからず。君子の終りなり。

この意味は、「鬼神は、驕り高ぶる者に禍を与え、謙遜するものに幸福を与える。人の道は、傲慢な人を嫌い、謙虚な人を好む。へりくだるという徳は、尊く、光り輝く。みずから低い位置にいても、その人格は誰も超えることはできない。これこそ、君子の最高の徳である」ということです。

これを観れば、天の道においても、地の道においても、人の道においても、神でも鬼でも「虚」のところに与えたくなるということです。だから謙虚の人はやはり誰からも好かれるということになるのですね。

「地山謙」を少し紐解いてみると、山が地の下にへりくだっているような形です。

通常、山が地の下に入ることは自然界ではなかなかない現象ですが、人間の道で例えると、高くそびえ立つ山のように能力がある人が、下にへりくだって、低姿勢で民衆と交じり合っている姿です。だから謙虚になるにもじつは資格がいるのです。それはまず自分が高い山のような存在になれるよう能力を磨くことです。高い存在の人が下にへりくだるから「謙虚」ということになるわけです。

能力が高い人が謙虚になると、それはみんなに好かれるのは当たり前ですね。人に好かれると周りに人が集まり、人が集まったら財も集まるようになるものです。

人間は誰しも、一時の間、謙虚の姿勢を取ることはできますが、長い間ずっと謙虚の姿勢を貫き通すのはとても難しいことかもしれません。

まわりに人が集まり称賛の声を浴びて、財もいっぱい集まって、我が天下を謳歌する時、それでもなお、謙虚の低姿勢を貫き通せ

るかどうかが、また運命の分岐点を作ってしまいます。

　人生で何かを成し遂げて、大いなるものを所有するまでは時間もかかりますし、艱難辛苦も経験しますが、それを保つことは容易ではないのです。

　人生頂点にいる時ほど、あっという間にどん底に落とされる危うさを秘めています。

　だからこそ何事も行き過ぎないように、いつも「虚」の姿勢を保つように日頃から心を修練することが大事です。

「謙」の漢字を分解してみると、「言」と「兼」の組み合わせでできています。一言一句を発する時、相手の気持ちを兼ねて思いやることができるかどうか、謙虚の徳は人生を間違いなく豊かにしてくれます。

❸生活の中の陰陽転化

「陰極まって陽になり、陽極まって陰になる」、この法則は、健康面や生き方にも同じくその摂理が働いています。

● 健康面

❶私たちの身体は冷えの蓄積が頂点に達したら、冷えのぼせという状態になり、発熱することもあります。一方、熱が溜まりすぎたら、熱エネルギーを外に発散しようと汗をかいて体温を下げます。多くの人は身体を温めようとして、発汗作用がある生姜や唐辛子などピリ辛なものを食べて温まった気になりますが、じつは発汗したら逆に身体が冷えてしまうという本末転倒なことが起こります。本当に体を温める目的なら、背中がほんのり温まるくらいで、汗をかかない程度のところで止めておくことです。

陽虚（冷え性）だからといって、温めるものばかりを食べ続けると陽が増えすぎて、陰に転じます。一方、冷やすものばかり食べたら、水分が出やすくなって、陰虚内熱の状態に転じます。食生活でも陰陽の過不足がない、ほどよいバランスを保つことが大事なのです。

❷「過ぎたるは猶及ばざるが如し」とよく言われますが、身体によいと言われるものでも、食べ過ぎないことが大事です。身体は陰陽のエネルギーバランスで成り立っているので、一つのものを過剰にとると陰陽のバランスを崩す原因になります。

❸人間は喜怒哀楽の感情があって当たり前ですが、どの感情も行き過ぎたり、長引いたりすると内蔵に影響を及ぼすようになります。

怒りは肝臓、喜びは心臓、思い悩みは消化器、悲しみと憂いは肺、恐れ、不安は腎臓に影響し、それぞれの臓器を弱らせることがあります。

感情が行き過ぎないように、コントロールすることがとても大事です。

❹運動は体に良いからと、毎日一生懸命に取り入れている人もいますよね。しかし、運動もやりすぎると体に負担がかかることがあります。具体的には、体のエネルギー（陽気）が過剰になって、逆に体内の水分や血液（陰液）を消耗してしまうのです。その結果、疲れやすくなったり、肌が乾燥したり、体調を崩してしまうこともあります。だからこそ何事もバランスが大事で、適度に行うことが健康を保つ秘訣です。

● 人間関係

❶人間関係に当たっては、どんな人であっても、ほどよい距離感を保つことが大切です。

　仲良くなり過ぎたときに、人間関係の危機が訪れることがあります。それは親しい間柄だと、お互いに甘えや無理を言い合うことが増え、些細なことが原因で誤解や摩擦が生じやすくなるからです。「君子の交わりは淡きこと水の如し」と昔から言われたものです。

❷言葉は人間関係を維持していく上でとても大切な手段になりますが、言葉を発する時も極端なことを言わないことが大事です。言葉が行き過ぎると、口が禍の元になり、人生を棒に振るような大きな失敗を招く時があります。言葉を発する時は相手の気持ちを兼ねて考える慎重さが必要です。

❸人間は感情をもつ動物ですが、感情のエネルギーは知らない内に周りに大きい影響を与えてしまうものです。暗い気持ちになった時は、周りにも暗い気持ちが伝染して重い空気感を作ってしまうので、自分の感情が行き過ぎないように日頃から心を修練することが大事です。

● 生き方

　何でもやり過ぎたら、反対方向に行くという原理がわかれば、良いものも食べ過ぎない、良いことでもやり過ぎないなど、何事にも節度を保つようになります。それによってバランス感覚が備わり人生において大きい失敗は避けられるようになります。

　何よりも、この法則が分かると、困難に直面した時の心の持ち

方がすっかり変わるので、人生の中で困難を前向きに生かして、よりよい人生に転換させることができます。

人生の山あり、谷ありの状況を体験してみて、振り返ってみたら、人生にはほんとうの意味で悪いことなんてなかったことに気づきます。過去に起こったことは全部がいいこと……この話が理解できるようであれば、人生は必ず幸運に導かれていきます。

人生にはどうしても物事がうまく運ばず、悩むことがあるものです。その時に諦めずやり続けてついに成功したという場合、この時の自分から過去を振り返ってみるとすべてが良き思い出に変わっています。確かに過去の事実そのものは変わっていないけれども、過去に対する見方、考え方はすべて変わったということです。

つまり、「過去は変えられる」ということなのです。

● まとめ

「陰極まって陽になり、陽極まって陰になる」という変化に対する認識をもつと、困難に直面した時は、これが永遠に続かないことを理解するので、未来に対して希望を持つようになります。そして順調に進む時は謙虚な姿勢をもって、自らを戒めるようになります。

また長期的な視点で物事を見るようになるので、目先の成功や失敗に一喜一憂しなくなり、心が安定するようになります。

この法則を活かすことで、人生のどんな状況においても、感情に流されず、困難とも戯ることができるようになります。

● 問い

　今までの人生で、陰陽が転じた経験はなんですか？　この法則をこれからの人生でどう生かしていきたいですか？

変化に自在に対応して「自分」を生きる
易経の秘密　その⑨

相対的な陰陽

～自分らしく、次元上昇する道～

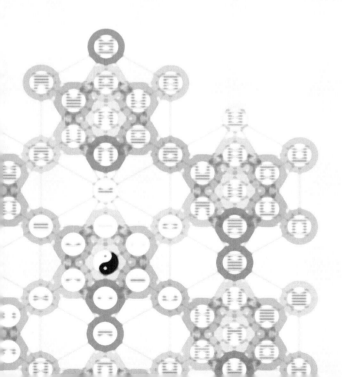

❀自分らしく生きる

　一生忘れられないほど印象に残った言葉があります。

　それは、台湾の有名な漫画家、蔡志忠さんのお話です。蔡さん
は、わずか４歳の時に「漫画家になる」と決意し、15歳でその夢
を実現し、プロの漫画家になりました。彼は『老子』『荘子』『論
語』『孫子の兵法』など、中国の古典を題材にした漫画を日本で
も数多く出版し、ベストセラーとなっています。

　蔡さんが作品を創作する時は、夜中の一時から始まり、16時間
にわたって没頭することもあるそうです。食事は一日一食だけで、
その内容もお粥一杯と漬物という質素なもの。ほとんど人とも会
わず、旅行にも行かない生活を送っているようです。

　ある日、テレビ局の取材で、蔡さんはこんな質問を受けます。
「あなたは一日中仕事ばかりで、美味しいものも食べず、旅行に
も行かない。そんな人生、楽しいですか？」

　そこでの蔡さんの回答が衝撃的でした。
「天上の美味しいものを食べていれば、地上の美味しいものなん
て大したことないよ。」
「何？　天上の美味しいもの？」と最初は驚きましたが、その言
葉に深い感動を覚えました。蔡さんは、仕事に没頭している時は、
全身に幸せな川が流れているような感覚があるそうです。ちなみ
に、蔡さんは70歳を過ぎるまで、一度も病院に行ったことがない
ほど健康だそうです。
「天上の美味しいもの」というのは、何かを創造する中で得られ
る精神的な大きな喜びを指しているのでしょうか。蔡さんは、ま
さにこの世で、まるで天国のように生きているのだと感じました。

時間を忘れ、寝食も忘れるほど、やりたいことに没頭できることがあるのは、本当に大きな喜びですね。

普通の人にとっては、食べなければ元気が出ない、寝なければ体がもたない、というのが当たり前ですが、天とつながり、自分の使命を全うする人には、宇宙から大いなるエネルギーがますます与えられるのかもしれません。

私たちは通常、生命を維持するために「天・地・人」の三つの源からエネルギーを得ています。

天のエネルギーは 大宇宙から注がれる、目に見えないエネルギーのことです。これは私たちが自然や宇宙とつながることで得られる、とても純粋なエネルギーです。

地のエネルギーは大地から得られるエネルギーで、食材や水に含まれる物質的なエネルギーです。私たちは通常、日々の食事や飲み物からこのエネルギーを摂取し、身体を動かすための力を得ています。

人のエネルギーは人から得られるエネルギーです。たとえば、元気な人と一緒にいると自分も元気になるように、他者の影響で気力が高まることがあります。

多くの人々は、主に地のエネルギー、つまり食べ物から多くのエネルギーを得ています。日々の食事と十分な睡眠を通じて、必要なエネルギーを補給し、日常の活動を支えています。

しかし、天と深くつながり、自分の使命を全うしている人々は、地のエネルギーに多く依存せず、天からのエネルギーを多く取り入れることができます。地のエネルギーは、不要なものが含まれていることもあり、消化や排泄といったプロセスが必要です。一方、天のエネルギーは純粋で、不要なものが含まれていないため、

すぐエネルギーとして生かすことができて、身体に毒素が溜まることもありません。これが病気になる確率が低くなる理由の一つでもあります。

　地のエネルギーに頼らず、天からのエネルギーを多く取り入れる人々の中には、食べ物をほとんど摂取しないで生きている、いわゆる「不食」の人たちもいます。

　そもそも、私たちの本質は「無極」の中にある「宇宙意識」であり、**創造者**としての力を持っています。これは、何もないところから物質を生み出す能力を指し、物質的なエネルギー源に依存せずとも、エネルギーを得る方法が存在することを示しています。

　蔡さんが、食べなくても、寝なくてもエネルギー不足に陥らないのは、まさに彼が自分の本質である宇宙意識と深くつながった生き方をしているからでしょう。

　蔡さんは、社会にも大きな貢献をしており、かなりの富を得ていますが、自分の子孫には、財産を一切残さないそうです。その理由は、「お金をたくさん与えると、自分を生きられなくなるから」だそうです。

「自分を生きる」や「自分らしく生きる」といった言葉は、自己啓発の本などで頻繁に見かけますが、実際にそれを実現するのはそう簡単なことではないかもしれません。蔡さんは、まさに自分らしく人生を歩んでいる典型的な例ですが、現実には多くの人は子どもの頃に素晴らしい夢を抱いているにもかかわらず、大人になるにつれ、その夢を諦めがちになります。

　たとえば、漫画家や音楽家になりたいと願っても、親や周囲から「それでは食べていけないから、安定した仕事に就いたほうが良い」と言われ、自分らしく生きる道から遠ざかってしまうこと

もよくあります。

そもそも多くの人にとって、人生で抱える最大な問題は、「やりたいことがわからない」ことかもしれません。やりたいことが明確で、それをやっていれば人生とても楽なのに、それが見つからないのは、とてももどかしいことですね。
「やりたいことが分からない」という状態は、もしかすると、今、本当にやりたいことではなく、義務感や収入のために無理をしてがんばっている可能性があります。そうすると、「自分は価値がある人だろうか」と、自分自身の存在価値を疑う気持ちが生まれることがあります。

この問題については、五行論から考え方のヒントを得ることができます。

五行論では、宇宙のエネルギーを「木」「火」「土」「金」「水」の属性に分類しています。
「木」「火」「土」「金」「水」のエネルギーは宇宙を形成する５大要素であり、このエネルギー同士の調和が宇宙全体の調和をもた

らします。

　五つのエネルギーの関連性で観ると、木が火を、火が土を、土が金を、金が水を、水が木を生み出す関係にあるので、どのエネルギーが欠けていても、宇宙全体のバランスが崩れてしまい、循環がストップしてしまいます。

　私たち人間も同じく、五行エネルギーの属性に分類され、それぞれ「性質」や「個性」をもっていて、宇宙の全体の中での不可欠な一部分です。つまり私たちはみんな必要とされて存在しており、価値のない人間なんて一人もいないのです。みんなそれぞれ存在意義があって、役目があって生まれてきたはずです。「やりたいことが分からない」というのは単に「本当の自分」をわかっていないだけなのです。

「本当の自分」がわからないと、自分は「木」の性質なので、「木」を生きるととても楽なのに、無理して「金」になろうと努力して疲れてしまうのです。自分の性に合わないことして、たとえ表面的に成功したとしても、心の中では「自分らしさ」を感じられず、どこか満たされない気持ちを抱えてしまいます。

　自分を正しく知って、正しい位置で生きていることが、一番自然体ということなので、余計な力も入らず、人生をより軽やかに伸び伸びと生きることができます。

　そして本当に自分がやるべきこと、つまり天命を生きている時、すべてが正しく導かれていくのが分かるようになります。

　思い返せば、就職したばかりの頃、よく会社の上司に「お前は使えない」と怒鳴られることがありました。その時「会社にとって私は使えないゴミのようなものか」と感じて辛い思いをしましたが、使えないゴミだと思えたものは、じつは正しい場所に変え

れば宝物になれるのです。

薬膳や易経を学び、それを伝える講師になったとき、人生で初めて「自分らしく生きる」喜びを実感しました。仕事をしているというよりは、楽しく遊んでいるような感覚で、仕事でほとんど疲れを感じないようになりました。それに加えて、お客様に喜んでいただき、報酬まで受け取れることは人生最高の幸せだと言えます。

自分の正しい位置において、自身の本質や性分にあったことをすれば、誰もが宝石のように輝きだすのです。

自分を生きながらも、自分に執着しない

自分らしく生きるということは、とても大事なことですが、一つ気をつけなければならないことがあります。

たとえば、自分が「木」の性質を持っているなら、その性質を大切にして生きることが、人生を楽しむ秘訣になりますが、「木はこうあるべきだ」と初めから自分らしさを決めつけてしまうと、他の可能性を見失ってしまうことがあります。

本当の私は宇宙そのものなのです。私という「木」の中にも「木」の要素を中心としながらも、他の「火・土・金・水」のすべての要素が備わっているのです。

だからこそ、「自分はこういう人間だ」と決めつけると、自分の中の他の要素が引き出されなくなり、自らの可能性を狭めてしまいます。

「自分らしく生きながらも自分に固執しない」ためには、物事を柔軟に捉え、全体を広い視野で見ることが大切です。

私たちは陰陽を持ち合わせた完全な存在でありながらも、全体

の中では、ある時は陰、ある時は陽というように相対的にどちらかの役割を果たすことがあります。

そもそも陰陽は、「これが陰」、「これが陽」と固定された概念ではなく、状況や視点によって変わるものです。

たとえば、60℃のお湯は30℃の水に比べれば「陽」となりますが、90℃のお湯と比べると「陰」になります。このように、陰陽の関係性は絶対的ではなく、状況や見方に応じて変わります。

「相対的な陰陽」、これもまた陰陽の法則の一つなのです。

人間世界で言うと、私たちはさまざまな関係性の中で自分の立場が変わり、その立場に応じた役割もまた変化します。

たとえば、親の前では子どもですが、子どもの前では親になります。上司の前では部下ですが、部下の前では上司になります。先生の前では生徒ですが、生徒の前では先生になります。このように、関わる相手によって立場が変わり、それに伴って陰陽の役割も変わるのです。

親子関係においても、陰陽の関係は時や状況によって変化していきます。たとえば、親が主導権を握っているとき、親は陽の役割を果たし、子どもは陰の役割を担います。しかし、子どもが成長して主導的に物事を進められるようになると、役割が逆転し親が陰に、子どもが陽になるのです。また、活発な子どもを陽、動きがゆっくりの大人を陰と捉えることもありますが、その活発な子どももいずれ成長して陰の性質に変わることがあります。

易経の秘密　その⑨　相対的な陰陽　〜自分らしく、次元上昇する道〜

陰陽は常に変化しているので、陰が陽になることもあれば、陽が陰に変わることもあります。

そして、陰と陽は別々に存在しているのではなく、陰の中に陽があり、陽の中に陰があります。生理学的にも、男性の中にも女性ホルモンがあり、女性の中にも男性ホルモンがあると証明されています。もし、男女にまったく共通点がなければ、分かり合えることは永遠に不可能なのです。

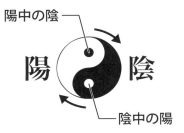

陰と陽はたえず変化している

すべての物事の中に含まれている、共通したDNAのようなものが「陰陽」ということになります。

このような陰陽の紛らわしい概念を理解するのは、柔軟な姿勢が必要になってきます。陰陽が交じり合ったら、変化、創造をエネルギーになります。陰陽両方の性質を持ち合わせているあなたは、本当は無限の可能性を秘めているのです。

だから「自分らしく」生きながらも、自分に対して固定観念を持たないということが、自分の可能性を広げていくことになります。

ところで、あなたは出会う人や出来事によって自分の中の何かが引き出されている経験をしたことはないのでしょうか。

たとえば、かわいい赤ちゃんに出会うと、私たちの中の愛が引き出され、その赤ちゃんを見る目も優しくなります。一方で、怒りや悲しみを引き出すような人に出会うこともあります。

つまり、私たちは相手との相対的な関係の中で、自分を知り、

自分を定義し、自分を体験しているのです。出会う相手や状況によって、自分の中の意外な一面が引き出され、自分でも驚くような「自分」と出会うことがあるかもしれません。

このように考えると、相手はまさに自分を映し出す鏡のような存在です。私たちは相手を通して常に「自分が何者なのか」を観ているのです。

❀正しく観て、正しく行動する

私たちは目を開ければ、いつも外の世界を観わたしています。観たものが心と感応すればさまざまな感情が生まれ、人生そのものに大きい影響を与えることがあります。

そのためにも、まずは物事を正しく「観る」という目を養うことがとても大切です。

中国には「嗜欲が深い人は天機が浅い、嗜欲が浅い人は天機が深い」という言葉があります。

この意味は、「自我意識が強く、欲望が深い人は、天とつながりにくいので、物事の表面的な現象に囚われ、本質が見えにくい」、逆に、「自我意識が薄く、欲が浅い人は、天とつながりやすく、目に見えない精妙なものまで見極めることができる」ということです。

この言葉が示しているように、私たちは、先入観や偏見、欲望などで自我意識が強い状態では、物事の真実を観ることはできません。

そのため、常に自分の心をできるだけフラットな状態に戻し、欲望や自我意識を抑えた状態で物事を観察することが重要です。そうすることで、物事の奥に隠れている原理や法則を見つけやす

易経の秘密 その⑨ 相対的な陰陽 〜自分らしく、次元上昇する道〜

 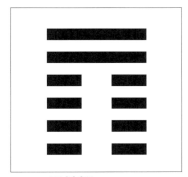

風地観（ふうちかん）

くなります。

「観る」ことについて大切なことを教えてくれるのが、64卦の第20個目「風地観（ふうちかん）」という卦です。

この卦では、観察や内観、主観など、さまざまな角度から物事を洞察する道について説かれています。観察は、私たちが世界や他者、そして自分を理解するための大切な手段になります。

じつはこの風地観の卦象（かぞう）は、日本の神社の鳥居と似たような形です。

物事を「観る」ときには、二つの視点があります。一つは、**下から上に向かって大いなる存在を仰ぎ見る視点です**。これは、下にいる者が、上にある素晴らしいもの、つまり大宇宙の原理や自然の法則を仰ぎ見て、それを基準にして、自分の観念や生き方が正しいかどうかを確認する方法です。

もう一つは、上から下に向かって全体を見渡す視点です。これは、物事の全体像を把握し、それを基準にして、自分の現在地を把握する方法です。

二つの視点を合わせることで、私たちは物事を全面的に捉えて、

157

自分自身を正しく理解することにつながります。

　そのためにも、神我一体で物事を観る「心の目」が必要になります。

　中国の古典『大学』の礼記には、「**心焉に在ざれば、視れども見えず、聴けども聞きこえず、食らえども其の味を知しらず**」という言葉があります。

　これは「心がここになければ、見ても見えず、聞いても聞こえず、食べても味がわからない」とのことで、心が静かでなければ、物事の本質を理解することが難しいという意味です。

「忙しい」という漢字は「心が亡くなる」と書きます。忙しすぎると、心が静まらないのでつい、表面的なことにとらわれてしまい、物事の本質を見逃してしまいがちになります。

「風地観」には現代でもよく使っている「観光」という言葉が出ています。

「観光」は旅行の意味でよく使われますが、旅行するということは、普段とは違う景色の中で、日常では見えていなかった光を観ることの意味が込められているのではないでしょうか。

「風地観」の原文では「國の光を観る」という表現となっていますが、これは、高い視点で社会全体を広く見渡し、その上で自分の果たすべき役目をしっかり理解するという意味があります。

「風地観」では、観ることについて、さまざまな段階を教えてくれています。たとえば、視野の狭い子どものような目では、表面的なものしか観えません。そして門の隙間から覗くような見方であれば物事の全体が観えず、偏見が生まれます。また自分の経験だけに基づいて物事を観ても、物事の真実を観ることはできません。

　物事を全面的に深く観るには、より広く大きな視野を持つこと

158

易経の秘密　その⑨　相対的な陰陽　〜自分らしく、次元上昇する道〜

が大切です。山の上から町の全体像は一目瞭然ですが、山の下では町の全体像はつかめないものです。

　私たちが人生で何かを学び続けるのは、少しずつ階段を昇っていくように、より高い視点をもって人生に対して理解を深めるためなのです。

「観る」という最高の境地は、外の現象を通じて自分の内面を観ることです。なぜならば外の世界に映し出された現象は、自分の内面の投影にほかならないからです。そして外を観て、常に自分の内面を修正・調整するのです。内面世界の円満がやがて外の世界の円満として投影されていきます。

　物事を正しく観て、自分の考えや生き方を見直し、次の人生の目標を定めて行動に移すことが、自分らしく成長することにつながるのです。

さまざまなバランスを相対的に観る

　陰陽の調和、中庸というのが理想といっても、陰陽は固定されているわけではありません。物事は相対的な関係性の中で、常に変化しながら、バランスをとろうとしています。陰が変化して陽にもなり、陽が変化して陰にもなるので、陰陽の全体性を捉えるには柔軟性が必要になります。

● 健康面

❶健康の基準を相対的に考える

　人の一生は陰陽の変化の連続です。人生の陰陽の段階を幼少期は「稚陰稚陽」、青年期は「壮陰壮陽」、中老年期は「衰陰衰陽」と言います。それぞれの陰陽の段階によって、相対するバランス

があります。健康診断の数値は、若い人でも年配の人でも同じような基準に設定されていますが、これは年齢に応じて、相対的に設定した方が理に叶うようになります。

　血圧を例にすると、高血圧の基準値も現状では、年齢に応じて細かくは設定されていません。

　若い人は一般的には身体の陰の物質エネルギーである血液や体液が充実しているため、血液の流れがスムーズで、血圧も安定しやすいものです。一方、年齢を重ねていくと血液量や体液量の低下により身体の機能が落ちてくるために、血圧を自ら上げていかないと全身に行き届きにくくなります。このように血圧をあげるというのは身体の調整機能が働いているということです。命あるものが老化していくのはあくまでも自然現象で、老化を病気とは言えないのです。健康に関する数値も相対的な概念をもつと、病気の定義もずいぶんと変わってくるかもしれません。

❷身体によいと言われる食材よりも、自分の身体に合う食材を

　陰の中に陽があり陽の中に陰がある、これを身体で例えると、血液や体液の中に氣が存在して体温として現れ、氣が存在しているところに血や体液が集まるようになります。

　私たちが普段食べている食材はすべてに「薬効」つまり、効果効能というものがあり、身体の「氣」「血」「水」のエネルギーを補い、動かしています。

　一般的に身体によいと言われる食材を選ぶよりも、自分の陰陽、氣血水のエネルギーバランスを観て、今の自分の身体に最も合う食材を選ぶようにしましょう。

　これには具体的な知識も必要かもしれませんが、心を静めて身体の声を聴けば、身体がそれを教えてくれます。

易経の秘密　その⑨　相対的な陰陽　〜自分らしく、次元上昇する道〜

❸相対的な若さを保つ

　アンチエイジングという言葉にとても魅力を感じることがありますが、若さというのも相対的なもので、永遠に保つものではないのです。生老病死は命の自然の営みなので、老化も死も受け入れつつも、自分にあった養生をして、楽しく年齢に抵抗することが相対的に若さを保つ方法かもしれません。

● 人間関係

　相対的な陰陽を紐解いて人間関係を考えると、相手によって自分の立場が変わり、立場が変われば役割も変わります。ということは相手によって「自分の体験」が変わってくるということです。

　私たちの人生では数えきれないほどの人との出会いと別れがあります。

　長い人生の道で出会えた人は、全員自分を知り、自分を創り上げるための協力者なのです。

　もしかしたら、人によってはわざと嫌われ役をして、私たちが自分を知るための協力者になってくれているのかもしれません。

　だと思ったら、みんなに心から感謝の気持ちが湧きますね。

　人間関係ではコミュニケーションがとても大事とされていますが、真のコミュニケーションは魂の交流というものではないでしょうか。

　魂の交流をするためにも、まずは「自分を生きている」ことです。自分を生きていないということは、人生の道のりに魂が置き去りにされているような状態ですので、真のコミュニケーションは成り立たなくなります。

　中国の古典『史記』では「士は己を知る者の為に死す」という

言葉があります。これは自分を本当に理解し、共振共鳴する友がいることは、命を捧げても惜しくないくらい「有難い」ことだという意味です。だから孔子先生も「朋有り遠方より来る、亦た楽しからずや」と言ったものです。

「友達が遠方からきた、楽しい」というのは一見、とても普通に思えますが、じつにここに深い人生の味わいがあります。自分らしさを分かち合える友たちと一緒に魂の交流ができるのは、どれだけ楽しく、深い喜びかということを表現しています。このような関係こそが、人生で得られる最高の人間関係の一つなのです。

● 生き方

私たちは人生で多くの人と出会い、さまざまな仕事や経験を積んでいるように感じますが、実際には、一生を通じてやっていることはたった一つ、それは「自分を創り上げる」ことです。

自分らしく生きるとは、自分の人生に全責任を持つことです。そのように生きると人は、どんなことが起きても他人のせいにすることはありません。それは自分がすべての源であることがわかるからです。

そして、他者への期待を完全に手放すことで、心は無限の自由を得ることができます。

私たちは、他者との関係の中で自分を知り、自分を体験し、その過程で自分を創り上げていきます。

ここで忘れてはならないのは、私たちの本質は「創造者」であるということです。

私たちが創造者なのだからは、本来は何者にもなれるということです。未知の自分の可能性に好奇心を持ち、「私はなりたい私

になれる」と今ここで決めて、宣言して、行動したら、人生のステージは大きく変わることでしょう。

　自分を生きながらも、自分に執着せず、自分を突破していく。自分を突破していくたびに、自分を越えるたびに今まで味わったことがない「自由」を感じられるようなります。

　次元上昇とは、意識の自由度が高まるにつれて起こるものです。一つの山を越えて、さらに高い山に登ると、見える景色が一変し、この世界は美しく輝き出すのです。

● まとめ

　相対的な陰陽とは、陰陽が固定された絶対的な概念ではなく、状況や視点によって変化することを意味します。陰陽は対立するエネルギーを表していますが、それぞれが独立して存在するわけではなく、常に互いに依存し、影響し合いながら動的に変化します。

　相対的な陰陽の理解は、物事の全体像を捉えるための大きい視点と柔軟性を学ぶ上で、とても重要な概念になります。

　相対的な陰陽の法則を理解することで、どんな状況でも固定観念にとらわれることなく、柔軟に変化に対応して、軽やかに生きるための智恵が得られるのです。

● 問い

　果たすべき義務も、制限も何もないとして、あなたが一番やってみたいことはなんですか？
　なりたい自分像を三つ挙げてください。

易経の秘密　そのまとめ

「吉凶」を越えて
人生ゲームを楽しむ

～人生は深刻にならず、真剣に遊ぼう！～

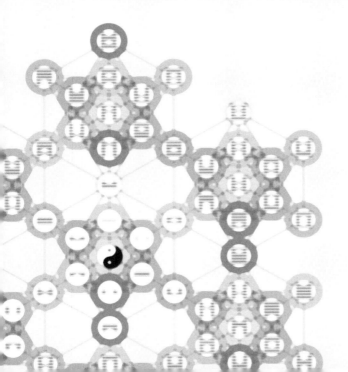

運命は決まっている？

　より良い人生を生きたいと誰もがそう思うものです。

　そのために私たちはいつも先生を探し、学びを求めますね。

　数々の学びを重ねて、ずいぶん悟ったつもりでいても、いざ現実の問題に直面したとき、心が動揺してどう対処すべきかわからなくなることはよくあります。特に、予期せぬ困難やストレスが突然押し寄せると、冷静さを失い、学んだことを実践するのが難しく感じられるものです。

　こうした状況は、私たちがまだ学びの途中にいることを示しているともいえます。知識として理解することと、それを実際の行動や心の在り方に統合することは別の問題です。

　いざというときに心が揺れるのは自然なことであり、その揺れを感じながらも、自分の内面に立ち返り、少しずつでも学んだことを実践してみることが大切です。

　易経は私たちの人生と生活をよくしていくための智恵です。その智恵を「心」で学んで、現実の「事柄」の中で練習することの繰り返しです。身近な生活の中にじつはたくさんの応用問題があります。

　時には、私たちの人生の中では自力では突破できない困難に出会うこともありますよね。そのためによき指導者やメンターに出会うことはとても大切です。その出会いによって人生が明るい方向に導かれ、大きく成長を遂げることもあります。

　しかし「一陰一陽これを道」という易経の考えからいうと、何も疑問を抱くこともなく先生の教えを無条件に受け入れてしまうと、自分で考える力が育たず、自分だけのオリジナルの人生を創

造していくのが難しくなる場合もあります。

　先生を尊敬し、その教えを素直に受け入れる姿勢を持ちながらも、自分はどう思っているのか、どうしたいのか、内面に問いかけることも大切です。一つの事象はさまざまな角度から見ることができます。山の頂上に到達するにも、いろいろな異なる道があります。

　どんな素晴らしい先生も、一つの角度から物事を正しく説明することはできるかもしれませんが、すべての角度から完全に正しいことを言うのは不可能に近いのです。そのためにも物事の本質を理解する力、そして何事にもとらわれない柔軟な姿勢も大事です。

　事に当たっては、目の前のことに集中して全力投球するのも大事ですが、そこから一旦、目線を離して、全体を観る視線をもって、やることの目的や意義を理解することも必要です。

　我々の住んでいる三次元の世界で出会う「大先生」と呼ばれる人であっても、高次元の世界から見れば「中間ステップ」に過ぎないのです。中間ステップに執着をしたら、それ以上の成長を望めない可能性があります。人間世界で生きている人はみんな陰陽を持ち合わせた存在なので、外に崇拝する偶像を作らないのが望ましいのです。

　私たちが目指すべきところは「天人合一」、つまり、宇宙真理とつながることです。そのためには、まず自分自身の精神世界を開いて、自ら考える習慣をつけることも重要なのです。

　私も、この世のリアルな世界において、ずっと尊敬できる素晴らしい師との出会いを待ち望んでいましたが、期待があれば、失望もあったものです。陰陽・表裏合わせて一つなので、誰かに素晴らしい一面だけを期待することは不自然なことであると、後に

167

気がつきます。

　私たちが素晴らしい先生に出会うと、ついその人に依存して、自分を委ねたくなりますが、誰も依存できる人がいないことが、もしかしたら天からの最高のプレゼントかもしれません。それは外への期待をいっさい切断ち切り、ひたすら内観に努めることができるからです。

　時には一人で恐怖に向き合うこともあるかもしれません。しかし、それによって自分の内在力を呼び起こすことが可能となり、自らの運命を勝ち取ることができるのです。

　そもそも私たちの本質は無極の中の「宇宙意識」であることを忘れがちになりますが、これを意識的に思い起こすことが必要です。私たちの有限な身体の中に、無限の智恵がすでに備わっています。人から教えられなくても、「本当の自分」は何でも知っているのです。そういう意味では、最高の先生は「本当の自分」とも言えます。

　本書ではこれまで、宇宙の陰陽の変化の法則を述べてきましたが、「本当だ！　これわかる！」と納得したことは、知らないことを新たに学んだということではなく、本に書かれていることが、自分の中に既に存在した智恵と感応して、それを思い出しただけなのです。

　私たちは肉体を伴ってこの世界に住んでいますが、そこで起きるさまざまな問題については、三次元の視点だけでは本質的な解決にはつながりません。

　問題を解決するには、自分の意識を一つ高い次元に置き、そこから因果関係を俯瞰することです。

　その高次元の世界はどこか空のかなたに存在するわけではなく、

じつは、自分の内面の意識の中にすでに存在しているのです。自分の意識レベルを高めるだけで、人間世界の因果関係は一目瞭然になってきます。

無極の何も見えない世界が、この地球に存在するあらゆる物質を作り出していることを、三次元の価値観で理解しようと思っても難しいものです。しかし、「本当の私」は、すべてを知っているのです。

無極の中にある宇宙意識が創り出したものは三次元世界の物質だけではなく、あなたの運命さえも創り出しています。

さて、ここで質問です。

あなたは運命は決められていると思いますか？

決められている、あるいは決められてない、どちらかを答えるかもしれませんが、どちらを答えても正解とは言えないのです。

なぜなら物事は両面性をもって存在していて、陰の中に陽があり、陽の中に陰があって、陰陽は交じり合いながら変化しつづけているからです。

「一陰一陽これをもって道と謂う」の観点から答えれば、運命は決められている部分と、人の創造性によって自由に変えられる部分があると言えます。

「命（めい）」というものは、人の力では変えられない自然の規律のことを言います。たとえば、人類共通の「命」として、生まれてきたものは必ず死んでいくことが挙げられます。中国の秦の始皇帝は不老長寿の薬を求めて日本にまで人を派遣しましたが、結果的に

は「命」に逆らうことができませんでした。

　一方「運」というものは、私たちの意識の力によって、いくらでも変えられる部分です。

「運氣」という言葉に心惹かれることがあるかもしれませんが、まさに私たちは常に「氣」を運んでいるのです。氣は目に見えませんが物事を動かしています。その氣の運び方次第で運命に絶大な影響を与えます。

❀ 運命に影響する10要素

　中国では運命に影響する要素に、下記の10項目が挙げられています。

①命　②運　③風水　　④徳を積む　　　⑤読書
⑥名　⑦相　⑧神を敬う　⑨貴人と付き合う　⑩養生

　①に「命」、②に「運」と合わせて「運命」ということになるわけですが、人類共通な運命もありながら、誰一人として同じ人生は歩んでいないのです。

　この地球に誕生した人それぞれ、異なる役割をもって、異なる使命を果たしています。

　命というのは、人の力ではどうしようもない、自然の規律ということですが、これは人それぞれ異なる「局限性」があることを意味しています。局限性とは、ある程度限られた範囲がある、ということです。これは先天的にもたらされた人生課題ともいえるものかもしれません。だから命にないものを無理に求めたら、命の対価を払わなければならないこともあるのです。

「人事を尽くし天命を待つ」という孔子の言葉もありますが、最善を尽くしてそれでも成就できなかったものは、「命」として受け入れることも必要です。「こんな運命だったんだ」と受け入れることによって、心が安らかでいられるのです。

人にはある程度の「局限性」もありますが、限りない大きな「創造性」、「自主性」もあります。

運命に影響する10要素で観ると、②番の「運」から⑩番の「養生」までは、自らの意識次第で、運命を大きく変えられる要素になります。

それぞれ別々な項目に見えますが、共通しているのが「氣」というものです。つまりエネルギーの扱い方のことを言っているのです。

③の「風水」は環境のエネルギーを意味しますが、環境は人にとっては第二の皮膚と呼ばれています。環境エネルギーと人間のエネルギーは感応し合うので、いつも身を置く環境を心地良いものに整えることが大切です。

④の「徳を積む」とは、利他の行動をすることです。見返りを期待せずに与えることは宇宙の法則に適っているので、良いエネルギーの循環が起こるようになります。

⑤の「読書」は「理を明らかにする」という目的があり、理が明らかになると、自然の摂理を尊重する生き方ができるので、これもまた自分のエネルギーを整えることができます。

⑥の「名」は名前のことで、言葉にはエネルギーがあります。自分の名前は一生の中で自分が一番聞いている言葉なので、その言葉のエネルギーどおりの人間になる傾向があるのです。

「氏名」は「使命」でもあるのです。

171

⑦の「相」は、面相、顔の表情のことで、笑顔一つで回りに人が集まるようになり、人の「氣」が集まったら、運命にもよい影響を与えます。

⑧の「神を敬う」ことは、神のエネルギーと繋がることになるので、根源の霊的なエネルギーを高めることができます。

⑨の「貴人と付き合う」とは、エネルギーのよい人と一緒にいて共振することで、これによって自分のエネルギーも高めることができます。

⑩の「養生」は、食べ物や生活を通して、心と身体を養うということですが、心身を養うとはエネルギーを養うことです。

この世に存在するものはすべて「氣」、つまり「エネルギー」の集合体と言えます。そしてエネルギーは常に動いています。

私たちの感情もエネルギーで、感情の動き方によって、氣の動く方向が異なってきます。

中医学では「怒りは氣を上に昇らせ、恐怖は氣を下に降ろし、悲しみや憂いは氣を消し、喜びは氣を緩ませ、思い悩むと氣が結び、驚きは氣を乱す」といわれます。

このように感情は氣を動かし、氣の動き次第で、健康面でも深刻な影響が出ます。だから「氣」をうまく運ぶことが、運命にも大きく関わるのです。

氣は陰気と陽気に分類することができて、たとえば、私たちの身体で言うと、陰気は下側、内側に行く方向性を持ち、陽気は上側、外側に行く方向性を持ちます。

氣が上に昇り過ぎたら、高血圧、脳出血や脳梗塞のリスクが増え、下に降りすぎたら下痢や腰痛、内臓下垂などが起きやすくなります。氣が外に行き過ぎたら、陰気（血・水）の消耗が過剰になりますし、一方、中に収斂しすぎたら、本来外に排出しなければならない毒素が、うまく排泄できず体内で滞るようになります。

私たちの健康状態は、氣が上に昇り過ぎず、下にも下がり過ぎず、外にも発散しすぎず、中にも収斂しすぎない、ほどよいバランスで成り立っています。

陰気・陽気は常に動き回りながら交じり合って、変化しながら、バランスを取ろうとしています。

身体の「氣」が血液や水などの物質を動かして健康にも絶大な影響を及ぼしますが、この氣を動かしている根本こそが「意識」なのです。

私たちの健康状態や取り巻く環境、状況はじつはすべてが「意識」が創り出した結果で、あなたが運命として味わっている現実なのです。

目にみえない意識の「像」は目に見える現実の「形」を創り出します。

意識そのものがエネルギー体なので、常に振動しています。

だから同じ考え方をする人が多く集まると意識の共振という現

象が起きて、世界を動かす大きい力さえも持てるようになります。「類は友を呼ぶ」という言葉も、じつは易経から出た言葉ですが、同じエネルギーをもった人が集まって、志を同じくして進むと、大きいことを成し遂げることができるのです。

　一方で、人生で起こるさまざまな問題は、「エネルギーの偏り」でもあります。ひとつのエネルギーが過剰になったら、「陰陽対立制約」の法則を用いて、それの反対のエネルギーをもって制約するなどの方法論を講じることができます。氣が頭に昇りすぎて血圧が高くなるようであれば、氣を下に下げる食材を摂ったり、深呼吸をして氣を下ろせばいいのです。ちなみに苦い食材は清熱・解毒作用があって、氣を下げる効果があります。

　意識の持ち方や言葉、そして行動によって、「氣」の運び方も変わり、運命は変えられるのです。

「命」という漢字を分解してみると、口と令の組み合わせで、口の指令に従うという意味だそうです。意識して思っていることを私たちは言葉にしていますので、運命は「私」の思いを表した言葉通りになる、ということでしょうか。

　変えられない「宿命」もあるけど、「運命」は自分の意志で変えられる。そのための強力な道具が「易経」と言えます。

　変えると言っても、みだりに変えるのではなく、易経の道理を応用すれば、宇宙の最高原理と繋がることができて、素晴らしい人生を創っていくことが可能になるのです。

「運命を変える」という意味で、中国では「了凡四訓」という有名な本があります。日本でも「陰隲録」というタイトルで出版されていて、多くの人に読まれているようです。

　この本の作者の袁了凡は、中国明代の著名な学者であり、彼の

174

人生は「運命は変えられる」という信念を体現しています。袁了凡は、幼少期に父を亡くし、母と一緒に慎ましい生活を送っていたのですが、ある日占い師に出会い、今までの家で起きたことを正確に言い当てられ、とても驚きます。そして学業の成績、官職の昇進まで占われ、人生まさに占い通りに進んいきました。しかし、残念ながら「あなたは短命で子を授からない」とも予言されていました。今までのことが全部あたっているからきっとそうなるはずと思い込んだ袁了凡はある時、思い悩んですべてを手放し、お寺に逃げていきます。

そこで禅僧の雲谷禅師に出会い、運命を変える力が自分自身にあることを教えられます。禅師は、運命は人間の行いと心の持ち方によって変えることができると説き、袁了凡に自らの善行と心の浄化を通じて、人生をより良くする道を示しました。

これを契機に、袁了凡は毎日善行を積み重ね、自分の行いを見直し、心を清める努力を始めます。これにより学者としての成功を収め、子孫にも恵まれ、結果的に長く生きることになります。袁了凡は運命学者の予言を覆すような人生を歩みました。

袁了凡の例は、運命は固定されたものではなく、私たちの行動や心の持ち方次第で変えることができるという強いメッセージを伝えています。彼の生涯を通して、私たちは自分の運命を自らの手で切り開くことの重要性を学ぶことができます。

命は天が決めるかもしれませんが、運は自分で変えることができます、そして福は自分で求めるものです。

そのためにも、「修行」することが大事です。「修行」といえば何か苦行のようなイメージがありますが、じつは自分の意識や心、行動をいつも修正するということです。人間が情緒、欲望、習性

を超越するのは、とても難しいことかもしれません。だから神社、仏閣などの存在意義があって、大いなる存在を仰ぎ観ながら、自分自身を修正していくのです。修正した先には必ず成長があります。成長した先には必ず喜びがあります。成長の喜びを感じるような体験を続けていることで、人生が間違いなく良くなっていくのです。

　占いの世界でも、修行した人の命は計算できないと言われます。易経はじつは「修行」のテキストでもあるのです。

❸吉凶を越えて、人生をゲーム感覚で楽しむ

　易経64卦の中には、数えきれないほど、「吉」と「凶」という言葉が出ています。

　前章の「陰陽の秘密その❸」でも触れたように、「吉」「凶」「悔」「吝」は人生においていつも往復し、かつ循環するもので、いわば物事の因果関係を示す必然律とも言えます。

　では、いったい「吉」とは何で「凶」とは何なのでしょうか。

　自然現象を観ると、月には満ち欠けがあり、潮には満ち引きがあり、花には咲き散る時があります。

　この大自然の営みのどちらかを「吉」、あるいは「凶」と定義することができるのでしょうか。自然はいつも厳格な規律に基づいて変化しているだけで、「吉」も「凶」もないのです。「吉」「凶」はあくまでも人間の感覚で決めることなのです。

　人間世界では「吉」を「利」と考え、「凶」を「害」と考える傾向があります。「吉」「凶」を「利害」ではなく、「得失」と考えたほうがいいのかもしれません。

　じつは「利害」はとても短期的視野で観た現象で、「得失」こ

そが長期の効果があります。

　易経の道理に従って生きるなら必ず「得る」ものがあります。反対に易経の道理に反して生きるなら必ず「失う」ものがあります。「得」といっても、物事が順調に運ぶという意味ではありません。

　たとえば、困難なことに見舞われていたとしても、そこから学ぶことがあり、経験を積んで成長するからこれを「得」ともいうわけです。学び、悔い改めることで、長期の視線で見ると吉の現象を生み出すのです。

　一方、人生があまりにも順風満帆すぎるのも何かを「失っている」といえます。目先の利益は長期の視線でみると、害になることだってあるのです。順境の中では人はやはり油断しやすく、学ぶことを吝しんで、つい驕り高ぶることもあります。そして、安易な環境では自分を鍛えるチャンスを失うことが多いので、長期で見ると「凶」になることもあるわけです。

　吉が転じて凶になり、凶が転じて吉になる、こうして「吉」「凶」「悔」「吝」は循環していきますが、この循環を飛び越えていくと、やがて、そこには吉も凶もない世界があるということに気づきます。

　たとえば、人は強烈な目標意識、つまり志をもてば、吉凶はなくなります。

　志というのは、何かを手に入れたいという程度の夢ではなく、自分を取り巻く環境がどうであれ、あるいは誰が何と言おうとも、自身の本心が目指す方向に行かずにはいられない、やむにやまれない情熱のことを言います。

　一生の中でこれは絶対やるべきことだと心に決めれば、それが「吉」と出るのか「凶」と出るのか、結果に執着しなくなるからです。人生は結果よりもその過程を楽しむものなのではないで

しょうか。「吉」と「凶」はあくまでも、その人の感覚が決める
ものなので、出来事に対する反応が変われば、吉凶の概念もまるっ
きり変わっていくものです。

　易経に学べば、凶を避け、吉を保つことができるということも
事実ですが、安易に「大吉」を求めるよりも、人生「咎めなし」
の境地を求めるのがよいのです。

　人は誰もが過ちを犯すものです。だからその過ちを悔い改めて、
常に自らの内面と行動を修正することに努めれば、最終的には「咎
め」がなくなるのです。

「咎めなし」の本来の意味は「非難されるべきことがない」とい
うです。易経の占いでは、さまざまな状況に対して吉凶や戒めが
示されますが、「咎なし」は、その行為や状況において特に問題
や過失がなく、現状を維持して良いとされる時に使われます。

　この言葉は、結果が「大吉」や「吉」とは異なり、派手な成功
や喜びを表しているわけではありませんが、何か悪いことが起こ
る心配もなく「問題ない」「平穏である」といった意味があります。
「咎めなし」はじつは心の平穏を意味するのです。人生で最終的
に目指すものは「平和な心をもつ」ことなのではないでしょうか。

　論語の一節では「**君子は坦かに蕩蕩たり。小人は長えに戚戚た
り**」という言葉があります。

「君子は坦かに蕩蕩たりと」は「君子」は自分の内面や行動が正
しいことを知っているので、何事にも動じず、心に余裕を持って
いるということです。

「小人は長えに戚戚たり」とは、「小人」は常に自分の損得や他
人との比較に気を取られて、心配や不安に苛まれているというこ
とです。

易経の秘密　そのまとめ　「吉凶」を越えて人生ゲームを楽しむ

　つまりこの言葉は、君子は穏やかで広い心をもっているに対して、小人は常に心配事や不安に苦しんでいるという、両者の対照的な心の状態を示しています。

「咎めなし」とは道徳的な成長を遂げ、心に余裕をもつということでもあるのです。

　人生の履歴というのは、経験、体験の蓄積です。どんなに素晴らしい知識や概念を手にいれたとしても、身をもって体験しなければ、私たちは本当の意味で悟ることができないものです。

　人生で一見もっとも有利な選択をして、失うものを最小限にして、できるだけ得をして安定した生活を楽しむ観点で生きると、人生の真の利益を失う可能性があります。

　リスクを恐れずにやりたいことをやってみて、その中で得る喜びや苦しみを味わってみることが人生の醍醐味なのではないでしょうか。新しいことにチャレンジしてみたら、必ずストレスが伴い、時には傷つくことだってあります。しかし、命を落とすこと以外のことは、自分自身をますます強くしてくれるのです。人は逆境で成熟し、絶体絶命な境地で覚醒していきます。

「陰の中に陽がある、陽の中に陰がある」という法則で観ると、本当の喜びというは、苦しみの中に存在しているのかもしれません。

　人生を大きい視点で観ると、三次元世界での体験は高次元の自分が設定した人生ゲームのようなものです。三次元で起きている出来事を、高次元から観ると、すべてが大したものではなく、遊びのようなものなのです。

　真剣に遊んでも、深刻になる必要はないのです。軽やかな気持ちで、経験したことを受け止めて、味わって、さらなる高次の人生ゲームを体験するような意識をもっていれば、困難とも戯れる

179

ことができます。

　易経はまさに人生ゲームを攻略するルール本、ガイドブックのようなものです。

　易経では大自然の規律を人間世界の道理に当てはめて、どうしたら、地球というアトラクションで、人間体験を思い切り楽しめるか、そのルールを教えてくれています。

　このルールを心得たら、より永く人生ゲームを楽しめることができますし、ルールを無視したら、すぐゲームオーバーになって、途中退室を余儀なくされるかもしれません。

　易経の道理は、本当はとてもシンプルで、陰陽のたった二つの概念で、宇宙・人生のすべてを解説することができるのです。

　陰陽の究極の用い方は、陰陽を二つではなく、一つとして捉えることです。

　陰陽は合わせて一つだからこそ、日常の生活においてはいろんなものを兼ねて考えることが大事です。

　仕事ばかりしたら、家庭が疎かになるので、仕事も家庭も兼ねて考える。

　自分の家庭だけでなく、国全体のことも兼ねて考える。

　自分のニーズだけではなく、他人のニーズも兼ねて考える。

　自分の利益だけではなく、他人の利益も兼ねて考える。

　取り入れるだけではなく、取り出すことも兼ねて考える。

　身体を動かすだけではなく、休ませることも兼ねて考える。

　これはまさに呼吸の道理と同じです。呼だけでも、吸だけでも人は生きていけないのです。呼吸合わせて一つであるのと同様に、

180

陰陽両方合わせて一つであることを理解することが大事なのです。

　こうして陰と陽が調和して、究極の「中庸」が実現できたら、そこは陰陽、吉凶という二元の世界を超越して、一つのエネルギーとして統合される無極・無為の平和な世界が現れます。

　生きる究極の目的は、良き死を迎えることにあるのではないでしょうか。

　概念としてすでに知っていることを体験として知り、地球での人間体験の旅が楽しかったと、笑いながら無極の源に帰る——それこそが、究極のロマンだと思います。

易経の秘密

人生における八卦・六十四卦からの学び

~64卦を通して潜在意識からのメッセージを受け取る~

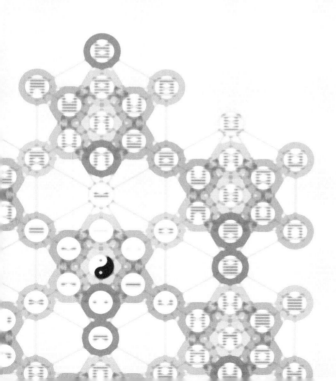

易経 八卦・64卦から何が学べる？

「易経」は7000年もの歴史をもっています。それは一人の人物によって作られたものではなく、伏羲、周文王、孔子という三聖人による共同の成果とされています。「易経」はじつに人類の長い歴史とともに発展し、進化してきました。

「易経」の内容は、宇宙の創造から始まり、自然界や人間社会におけるあらゆる事象にまで及んでいます。「易経」では陰陽の変化の法則を通して、すべての物事の奥で働いている共通原理を説いています。それゆえに、「易の道は深し。人は三聖を更へ、世は三古を歴たり」と言われ、長い間、多くの人々に学ばれ、解釈され続けてきたのです。

「易経」は無極から始まり、無極から太極、太極から陰陽、陰陽から四象（五行）、四象から八卦、そして八卦から六十四卦へと展開しています。この過程を通じて、物事の生成、成長、成熟、収斂、貯蔵、そして次の循環にいくまでの変化の法則を説き、これにより、生命あるものの栄枯盛衰や、運命の変遷が示され、私たちに大自然の摂理を教えてくれています。

易経「繋辞伝」にはこのような言葉があります。「易に太極あり。これ両義を生じ、両義は四象を生じ、四象は八卦を生ず。八卦は吉凶を定め、吉凶は大業を生ず」

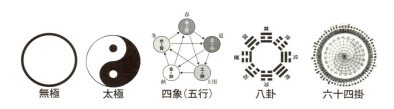

無極　　太極　　四象（五行）　　八卦　　六十四卦

「八卦は吉凶を定め、吉凶は大業を生ず」というところにじつは大きい意味があります。

　無極から太極、陰陽、四象までは目に見えないエネルギーですが、「八卦」というのは目に見える現象化したエネルギーです。この現象が現れるまでの原理原則、つまり物事の奥にある法則性を理解できるようになれば、物事が変化した結果である「吉」と「凶」を判断できるようになります。「吉」と「凶」を判断する基準をもって行動をすると、大きい事業を成し遂げるパワーを持てるということになります。

　このような「易経」の教えは、単なる占いや哲学の枠を超え、宇宙と人生の変化と調和について深く考えるための重要な道しるべとなります。

八卦とは

　伏羲が仰いで天の太陽・月・星の運行の状態を観察し、伏して大地の形勢を見ながら、天地自然の現象を象って八卦を創り、天文学と中国の地理位置を参考にして、八卦図を作りました。

　卦の言葉の由来ですが、当時伏羲は竹の竿を使って太陽が照射する影を観察していたのですが、そこに積んでいた土を「圭」と呼んでいました。後に人事に応用して吉凶を占うために使用したこともあり、「圭」に「人」を組み合わせて「卦」になっています。卦は「掲げて学ぶ」という意味があります。

　八卦の名前は、乾、坤、震、巽、坎、離、艮、兌で表し、自然現象の天、地、雷、風、水、火、山、沢を象徴しています。

　八卦は、3本の線で構成されており、それぞれが陰（--）または陽（−）で表現されます。この3本の陰陽の組み合わせの線によっ

て、八つの異なる自然現象を表現しています。

「天、地、雷、風、水、火、山、沢」といった自然現象は相互に影響し、感応する中でさまざまな変化を生み出しています。**これは人間社会や個人の生き方にも深い啓示を与えています。八卦が示す自然現象から学ぶことで、私たちは自然と一体になり、より健全でバランスの取れた人生を送ることができるのです。**

つまり易経はすべて自然からの教えなのです。

☯八卦が示す自然からの教え

下記で八卦それぞれが示す、象徴、象意、自然からの教えをまとめています。

乾（けん）／天	
象徴	天、父、創造のエネルギー
象意	健やか、高貴、前進
自然からの教え	乾は創造と発展の象徴であり、天のように高く広がるもの。自分自身を高め、大きな志を持って積極的に進むこと。

坤（こん）／地	
象徴	大地、母、受容のエネルギー
象意	柔順、包み込む、育む
自然からの教え	坤は大地のように受容し、育む力を持ち、素直さや耐える力、他者を支える大切さ。

186

易経の秘密　人生における八卦・六十四卦からの学び

震（しん）	雷	
	象徴	雷、長男
	象意	動く、激しい変化
	自然からの教え	震は突然の変化を象徴し、新しい挑戦に対する行動力、周りを驚かせる威厳、奮起を促すこと。

巽（そん）	風	
	象徴	風、長女
	象意	入り込む、柔軟性、従う
	自然からの教え	巽は風のようにどこにも入り込む柔軟性をもっている。強引に進むのではなく、状況に合わせて調整しながら進むこと、人の心に入り込み、人を感化させ、喜びを与えること、温和。

坎（かん）	水	
	象徴	水、次男
	象意	陥る、危険、困難
	自然からの教え	水は困難や危機を象徴し、適応力や忍耐力が試される。柔軟な対応力、困難から学ぶこと。

離（り）	火	
	象徴	火、次女
	象意	麗、付着する、明らか
	自然からの教え	離は火や光のように、明確さや知恵を象徴。火は何かに付着することで燃えることができる。どんな観念に基づいて人生過ごすかで、人生の明暗が決まる。

187

艮（ごん）	山	
	象徴	山、三男
	象意	止まる、障害、高尚
	自然からの教え	艮は山のような高い壁、障害を象徴。ひたすら前進ではなく、動きを止めるべきところにとどまる知恵。

兌（だ）	沢	
	象徴	沢、少女
	象意	喜悦、喜び、分かち合う
	自然からの教え	兌は喜びや楽しさ、調和を象徴する。他者との交流を楽しむことや、喜びを分かち合うこと。人生には喜びが必要だが、表面的な喜びよりも本質的な喜びを得る大切さ。

　この八卦同士は互いに作用し合い、変化を生み出して、森羅万象を創っています。

　たとえば天地が感応しあって、命を芽吹かせ、風と雷が互いに作用することで天候が変わり、山と川が交わることで地形が形成されます。

　人間世界に当てはめたら、八卦は父と母で男の子3人、女の子3人を生み出して作った8人家族や社会に於けるさまざまな職業や立場を象徴し、その人同士の関わりで、人間世界のドラマを作っています。

　また八卦は人間の中に備わっている八つの異なる性質、八つの徳とも言えます。八つの徳をバランスよく生かすことで人生がよ

り実りの多いものになっていきます。

八卦図

八卦図には先天八卦図と後天八卦図があり、東西南北の方位の配列の順序が異なります。

先天八卦は伏羲が作ったもので、天が上、地が下のように自然の定位から作られ、陰陽の対立統一の不変な宇宙観を表しています。一方、後天八卦は周文王が作ったもので、陰陽の消長、変化する法則を表して、これを人間世界に応用して吉と凶を占う予測学の背景になりました。後天八卦は九星気学、風水、占いなどに応用されています。

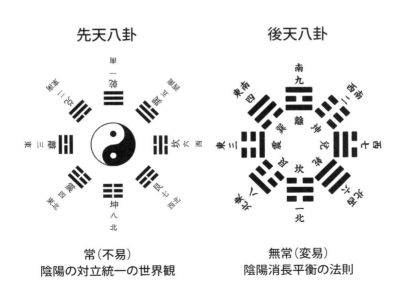

常（不易）
陰陽の対立統一の世界観

無常（変易）
陰陽消長平衡の法則

⚉ 六十四卦は最高の人生ガイドブック

　六十四卦については、中古時代、周文王が殷紂王によって牢屋に捕らえられた時に創られています。八卦と八卦を上下に合わせて64通りの自然現象を表していますが、これは人生で起こりうるさまざまな場面・時・状況・立場を象徴します。

坤（地）	艮（山）	坎（水）	巽（風）	震（雷）	離（火）	兌（澤）	乾（天）	←上卦 ↓下卦
11.地天泰	26.山天大畜	5.水天需	9.風天小畜	34.雷天大壮	14.火天大有	43.澤天夬	1.乾為天	乾（天）
19.地澤臨	41.山澤損	60.水澤節	61.風澤中孚	54.雷澤帰妹	38.火澤睽	58.兌為澤	10.天澤履	兌（澤）
36.地火明夷	22.山火賁	63.水火既済	37.風火家人	55.雷火豊	30.離為火	49.澤火革	13.天火同人	離（火）
24.地雷復	27.山雷頤	3.水雷屯	42.風雷益	51.震為雷	21.火雷噬嗑	17.澤雷随	25.天雷无妄	震（雷）
46.地風升	18.山風蠱	48.水風井	57.巽為風	32.雷風恒	50.火風鼎	28.澤風大過	44.天風姤	巽（風）
7.地水師	4.山水蒙	29.坎為水	59.風水渙	40.雷水解	64.火水未済	47.澤水困	6.天水訟	坎（水）
15.地山謙	52.艮為山	39.水山蹇	53.風山漸	62.雷山小過	56.火山旅	31.澤山咸	33.天山遯	艮（山）
2.坤為地	23.山地剥	8.水地比	20.風地観	16.雷地豫	35.火地晋	45.澤地萃	12.天地否	坤（地）

　64卦では「吉」「凶」「悔」「吝」という言葉が多く見かけられます。

　当時、周文王が牢屋に捕らえられ、自由を制限されている中で書いた卦辞の一字一字は良く吟味され、占いのような神秘的な言葉にせざるを得ない事情もありました。64卦それぞれは象徴的な言葉を使うことが多く、何を意味しているのか、すぐには理解が及びません。これが後世の易研究者にとっては、その真意を解明するために、無限の想像力を働かせる必要があったのではないで

しょうか。多くの学者がさまざまな解説をしていますが、何が正しいか、どのように勉強すべきなのかじつは決まりがありません。そういう意味でも易経は無限の包容力があります。

人によってさまざまな解釈をし、それぞれ異なる悟りを得るのもとても味わい深いところだと思います。だから易経は私たち一人ひとりの潜在意識の反映とも言われます。

六十四卦は人生のおける64通りの異なる場面や時を象徴しますが、じつは手を変え、品を変え、さまざまなシチュエーションを通して、物事の奥で働いている共通の原理、つまり陰陽の変化の法則を説明しています。

孔子は50歳から「易経」を愛好し、六十四卦をさらにわかりやすく解説した易伝（十翼）を編纂しています。十翼には彖伝、象伝、文言伝、繋辞伝、説卦伝、序卦伝、雑卦伝に分類され、易経本文の注釈や易の理論を解説しています。

古代の中国では「易を読まないものは宰相になってはならない」、「易を読まないものは商人になってはならない」と言われてきました。

現代でも占いの分野や帝王学の分野では多いに活用されてきていますが、じつは私たちの日常の生活の営みの中で易の道理と切り離せるものは一つもありません。

食、健康、医学、物理、仕事、人間関係、豊かさ、住まい環境などさまざまな場面で易経の智恵を生かすことができます。

易経の道理を理解すると、より高い山に登って、町を見下ろせるように、物事の全体像が把握できる高い視点を得られ、運命も自らコントロールするのが可能になります。

易経を学ぶ目的は運命を知り、運命を自ら創造することにあり

ます。易経の学びを通して真実の自分と出会い、地球体験の旅を
思い切り楽しむことができるのです。

　難しい表現もあることからとっつきにくいかもしれませんが、
経典と呼ばれる本は、読み返すたびにまた新たに味わい深さを感
じるものです。自分の人生経験が積み重なるとともに同じ言葉か
らでもまた違う悟りを得ることができます。

　易経は一生学んでも易経に精通しているとはとても言えないく
らいの深さがあるからこそ、「遊ぶ」という感覚で易経と戯れる
とよいと思います。きっと一生遊び飽きないものになります。そ
して易経から受け取ることの大きさに心から感謝の気持ちが沸い
てくるでしょう。

　気づけば、表面の現象に一喜一憂しなくなり、心はすっかり安
定してきます。心が安定すると体調も安定し、より創造的な人生
を楽しめるようになります。

🎲64卦を通して潜在意識から今、 必要なメッセージを受け取る

　今、何かモヤモヤしていることないでしょうか？　人生の戸惑
いを感じることはないでしょうか？　私たちの人生の中では幾度
もそんな場面がありますよね。

　易経64卦では、人生のあらゆる場面の問いに答えてくれます。
易経は、人生の戸惑いに答えてくれるだけではなく、運命を創造
するためのテキストでもあります。

　64卦の深い意味を理解するには、なんと言っても難解と言われ
る原文を読んで研究してみることですが、初心者にはやはり高い
ハードルを感じるものです。

64卦を通して潜在意識からメッセージを受け取れるように、この章の終わりに、64卦からの啓示、メッセージを簡単な言葉でまとめました。しっかり集中すれば、今、一番必要なメッセージを受け取ることができます。

　これは、自分が誠の気持ちで自身の潜在意識にアクセスするという意味で、一般的な占いとは異なります。

　そのためには、まず、神様からメッセージを受け取るような敬虔な気持ちをもつことが大切です。64卦からメッセージを受け取ることをゲーム感覚で常時行って一喜一憂したりするのは、易の本意ではありません。

　受け取ったメッセージは、よくよく吟味し、生活の中で役に立ててください。

　あなたの人生において大切な指針になることがあります。

64卦のメッセージの出し方

❶八卦の数字を知る

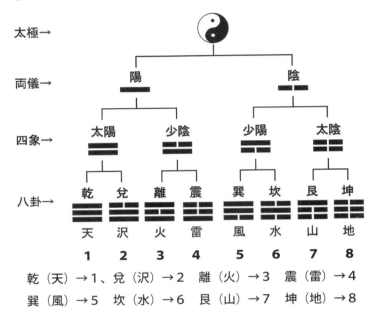

乾（天）→1、兌（沢）→2　離（火）→3　震（雷）→4
巽（風）→5　坎（水）→6　艮（山）→7　坤（地）→8

❷八卦の数字を出して、64卦の卦を立てる

❶頭で自由に思い浮かべた3桁の数字を2組出す

　たとえば：123、456など

　※頭で思い浮かべた数字に、潜在意識からのメッセージが隠されています。

❷2組の数字をそれぞれ8で割って　余りを出す

　たとえば：

123÷8＝15　余り3　八卦の数字3：離（火）

456÷8＝57　余り0　この場合は、八卦の数字は8：坤（地）

●1組目を下に置き、2組目の上に置いて卦を立てる
●**8／3**であれば下記のリストから確認して36番「**地火明夷**」を得る
「地火明夷」のところで、今、必要なメッセージを受け取ります

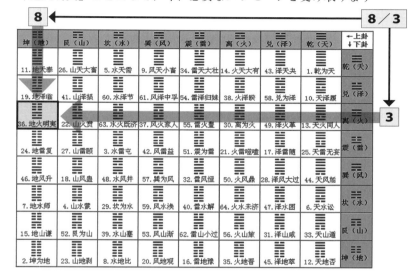

●**注意**

　64卦は自分の潜在意識の反映です。潜在意識から浮かび上がった数字を求める敬虔な気持ちが大切です。

　11：00〜13：00、23：00〜1：00の時間帯は陰陽の転換する時間帯なので、不安定になります。この時間は控えるようにしましょう。

　家族や知り合いに強要はしないでください。自らの意志で行わないと正しく作動しません。

☯ 易経　64卦　上経（天道）　30卦

	1	乾為天（けんいてん）
☰	人生の時 or場面	志をもって人生を前向きに創造する時
	象　意	天、健やか、勤勉、壮大、発展、創造者、大統領、社長、父、リーダー
メッセージ		人生は創造の連続。自分の中に埋め込まれた無限の創造力を起動しよう。心の願いが宇宙の法則に適う正しいものであれば、必ず発展・成長し、大きく飛躍する。ただし、驕り、慢心、貪欲は禁物。

	2	坤為地（こんいち）
☷	人生の時 or場面	支える役に徹する時
	象　意	大地、柔順、受容、素直、実行者、秘書官、補佐役、母、縁の下の力持ち
メッセージ		表に立たなくても、陰で支える役割をまっとうする。広い心をもって、すべてを受け止めて、しっかり愛情かけて物事に取り組んだら、やがて大きい幸せがくる。

易経の秘密　人生における八卦・六十四卦からの学び

	3	**水雷屯**（すいらいちゅん）
	人生の時 or場面	生みの苦しみを突破する時
	象　意	生みの苦しみ、芽生えの難み、伸び悩み、困難、試練、落とし穴、忍耐
メッセージ		無から何かを生み出すのは必ず生みの苦しみが伴う。必要不可欠なのが行動力。しかし、むやみに動くと危険。だからと言って動かないと生み出すことができない。焦らず、人の力を借りながら、正しい方向にむけて、力を集中させることで生みの苦しみは突破できる。

	4	**山水蒙**（さんすいもう）
	人生の時 or場面	自分の中に備わっている素晴らしい能力に気づく時
	象　意	幼い、無知、迷い、何事にも暗い、初心者、才能を育む、内在の智恵に気づく
メッセージ		学びは新たな知識を取り入れることではない。学びは自分に覆いかぶさっている「蒙」を取り払い、本来備わっている素晴らしい潜在能力に気づくことである。

	5	**水天需**（すいてんじゅ）
	人生の時 or場面	人生で本当に欲しいものを理解する時
	象　意	時を待つ、辛抱、進めば難に会う、時期尚早、実力を蓄えながらチャンスを待つ
メッセージ		自らの需要（欲）を満足させるには、代価が必要で、リスクも伴う。だからこそ本当に欲しいものが何かを明確にしなければならない。自分の願いが正当なものであれば、大いに満足されるべきで、宇宙がそれをいつも与えてくれる。

197

	6	**天水訟**（てんすいしょう）
	人生の時 or場面	争い事を避ける時
	象　意	争い、相反する、訴訟、論争、喧嘩、怒り、裁判、矛盾、心身安からず
メッセージ		人間関係の不和は大変なエネルギーを消耗し、心身に計りしれない影響を与える。争い事が長引いた時、勝者はいないもの。だから長引かせないことが大事。大きい事は小さな事に、小さい事はなかったことに転化させることが、争い事を避ける知恵。

	7	**地水師**（ちすいし）
	人生の時 or場面	人や資源が集まる時
	象　意	戦争、衝突、闘争、師範、軍人、民衆を指導、集団を動員する、立派なリーダシップ
メッセージ		地面が低いところに水が集まるように、姿勢が低いところに人も物も集まる。そして人力や財力を正しく用いるためには、まずは人格を立派に磨かなければならない。自分のところに集まってきた人には、重大な責任があることも認識しなければならない。

	8	**水地比**（すいちひ）
	人生の時 or場面	貴人と出会い、自らを成長させる時
	象　意	仲良くする、親しむ、和む、楽しむ、一君万民と親しむ、貴人に出会う
メッセージ		人と比べても、上には上がいるもの。比べていいものは「品性と徳と教養」。比べて学びたいものがある人に出会えば、躊躇せずに、すぐに飛び込んでいこう。

易経の秘密　人生における八卦・六十四卦からの学び

	9	**風天小蓄**（ふうてんしょうちく）
	人生の時 or場面	前進をとめられた時
	象　意	蓄える、前進が止められる、足踏み状態。小さな障害、学び、小が大を制する
メッセージ		志があっても、物事がうまく進まず、しばし動きが止められる時がある。先が見えない状況で長い時を待っている間に、いつのまにか本来の道から反れてしまうこともよくある。動きが止められた時こそ自分の内面と向き合って才能を磨く時。人生で遭遇する困難や問題があるからこそ、成長・発展することができる。

	10	**天沢履**（てんたくり）
	人生の時 or場面	虎の尾を踏んでも噛まれない人間関係をつくる時
	象　意	礼儀、踏み行う、危険、不安、実践、能力がある人の後ろについていく
メッセージ		足が速い人の後ろで足が弱い人がついて行こうと思えば並大抵の辛さではない。能力が高い人の後ろで、能力が弱い人がついて行こうと思えば、時には「虎の尾を履む」ような難しさ、危うさも伴うこともある。しかし、どんなに難しいことに臨んだとしても、常に礼節を保ち、悦びの心をもって励んでいたら、危機も好機に変えることができる。

	11	**地天泰**（ちてんたい）
	人生の時 or場面	無限の健康を手に入れる時
	象　意	安泰、安定、調和、和合、利益、健康、平和、協調、怠慢、油断、現状維持
メッセージ		健康な身体、調和した家庭、安定した会社、健全な社会に共通しているものは上下・陰陽がうまく交じり合って一体となっている時。天地が交じり合う平和な状態が天下を安泰にさせる。天下安泰にさせるのは誰にも責任があること。しかし安泰な時は油断が生じやすいので、戒めるべし。

	12	**天地否**（てんちひ）
	人生の時or場面	八方塞がりから抜け出す時
	象　意	不仲、閉塞、損失、乖離、貧困、失敗、病気、失恋、破産、停滞、失意
メッセージ		口があっても、言葉を発することができず、才能があっても発揮することができない。孤立無援のような暗黒の時に苦しんだとしても、その先には必ず転機を迎える時がくる。

	13	**天火同人**（てんかどうじん）
	人生の時or場面	志を同じくして共に前進する仲間をみつける時
	象　意	同志、協力、公平、無私、公共、親睦、相続、協同一致
メッセージ		志という強い絆で結ばれた人々の和は計りしれないパワーを発揮する！　外に出て同じ志を抱く人と出会って、団結すればどんな困難でも乗り越えることができる。

	14	**火天大有**（かてんたいゆう）
	人生の時or場面	天から守られ大いなるものを所有する時
	象　意	盛大、明るい、資産家、パワーがある、絶頂期、明るみに出る、見通しがよい
メッセージ		小さい富は人から与えられたもの。大きい富は天から与えられるもの。自分の志や行動が天の意にかなうものであれば、いかなることもうまくいき、大きい幸せを得られる。

易経の秘密　人生における八卦・六十四卦からの学び

	15	**地山謙**（ちざんけん）
	人生の時 or場面	神さまから味方される運を磨く時
	象　意	謙虚、謙遜、有能なものは爪を隠す、低姿勢、控え目、欲を出さない
メッセージ		幸運の神様は必ず、謙虚の人のところにやって来る。大きいものを所有することはできても、維持することは容易なことではない。より永く維持する唯一の条件が「謙虚」な姿勢を貫き通すことである。

	16	**雷地豫**（らいちよ）
	人生の時 or場面	本質の喜びを見つける時
	象　意	喜び、浮かれる、楽しむ、予め準備をする、熱意、油断大敵、躍動感
メッセージ		人生は楽しいものでないといけない。しかし人間は大きい喜びに浸っている時につい我を忘れて周りが見えなくなる。喜びが極まったら、悲しみが生み出される。喜びは「節度」と「適時」が必要なのだ。そして、本質的喜びを見つけるために熱意を込めることが大事！

	17	**沢雷随**（たくらいずい）
	人生の時 or場面	従って喜びを得る時
	象　意	追随、随行、自然の時の流れに従う、素晴らしい人に従う、自我を捨てる、時を待つ
メッセージ		自然の時に逆らわずに従えば、時を味方にすることができ、素晴らしい人に追随すれば、喜びを得ることができる。本来の正しさ、自然の法則に素直に従えば、人生は自然と亨（とお）っていく。

201

	18	**山風蠱**（さんぷうこ）
	人生の時 or場面	革新と再建の時
	象　意	腐敗、破壊、惑わす、崩壊、不正、風通しが悪い、内部改革、再生、新しい風を呼び込む
メッセージ		喜びに溺れてしまうといつの間にか腐敗や崩壊がはじまる。しかし、腐敗と混乱の時は、革新と再建の時でもある。腐敗が激しくなる時こそ根本的に刷新するチャンスの時でもある。革新、再建にあたっては心を新たにして、果断かつ慎重な計画と丁寧な行動が必要。

	19	**地沢臨**（ちたくりん）
	人生の時 or場面	リーダーとして現場に積極的に臨む時
	象　意	リーダーが大衆に臨む、望み観る、チャンス到来、希望、努力家、臨機応変、陽の勢いが益す。
メッセージ		リーダーが大衆に臨む時、時間の経過とともに結果が求められる。リーダーとして勢いがある時でも、油断は大敵。やりたいことはすぐにやる。後回ししてしまえば、状況が変わるか、命がなくなるかでできなくなる可能性がある。時間は過ぎ去ったら、二度と戻らない。

	20	**風地観**（ふうちかん）
	人生の時 or場面	熟考し、全体を俯瞰する高い視点を持つ時
	象　意	洞察力、心の目で観る、全体を俯瞰する、静観、観察、仰ぎ観る、観光、示す
メッセージ		忙しすぎると、物事の本質に気が付かなくなる。物事の奥深くにある目に見えない本質を見抜くためにはまずは心が静まらなければならい。心を静めて、尚、敬虔な心があるからこそ目に見えない精妙なものまで観ることができる。神我一体となって物事を観る心の目を養う。

易経の秘密　人生における八卦・六十四卦からの学び

21	火雷噬嗑（からいぜいごう）	
人生の時 or場面	障害物を取り除く時	
象　意	刑罰、口論する、裁判官、口の中に異物がある、邪魔者が入る、嚙み合わせ	
メッセージ	仰ぎ観られるほどの素晴らしい成果をあげても、誰からでも慕われるわけではない。必ず妨害、邪魔しようとするものが入ってくる。智恵と勇気をもって、問題がある者を処罰することも大事。法律を用いるのが宜しい。ただし、処罰する目的は社会の調和と秩序のためであり、人を懲らしめることではない。	

22	山火賁（さんかひ）	
人生の時 or場面	見栄と虚飾を捨てる時	
象　意	飾る、装飾、文飾、偽り飾る、見栄、虚飾、山に沈む太陽、夕焼けの美しさ	
メッセージ	文明も装飾もある程度進んだところで止めたほうがいい。文明が行き過ぎると自然とのバランスがとれなくなり、装飾が行き過ぎると実質とのバランスがとれなくなる。人としては、外見を整える、飾ることも大事だが、内面と外見のバランスが崩れてしまうと、信用を損ない良い結果には結びつかない。内面と外面の程よい調和が大切。	

23	山地剥（さんちはく）	
人生の時 or場面	時勢に従い前進をやめる時	
象　意	剝ぎ落される、剝害、斜陽、内側空虚、女の集まり、老衰、前進すべからず	
メッセージ	楽しいことでもやりすぎない、物質は使いすぎない、なんでも極まったら、実質が衰え尽きるものである。陽が極まったら陰になり、陰の勢いが益してきたら陽を剝ぎ取る。時間でいえば夕暮れや冬の時季。このような自然の時の流れには、人力を以て衰勢を挽回することができないので、無理に抵抗すると、返って傷害を被る。乱世の時は「時」の利がないのを知って、為すことなく、災いと失敗を避け、気運の転換を待つ。	

203

	24	**地雷復**（ちらいふく）
	人生の時 or 場面	新しく再出発の時
	象　意	復帰、恢復に向かう、一陽来復、立ち返る、復活、再出発、明るい光が差し込む
メッセージ		苦しい状況はいつまでも続かない。過失は改正でき、歴史は復興でき、病気は回復できる。すべてが剥ぎ落されたかのように見えても、万物は再生し、命はまたよみがえる。

	25	**天雷无妄**（てんらいむほう）
	人生の時 or 場面	あるがままに生きる時
	象　意	邪念がない、意図しない純粋な心、偽りがない、自然体、無為、自然の道理に従う
メッセージ		太陽は万物に光と暖かさを与え続けているが、決して見返りを期待してというわけではない。邪念がない意図しない純粋な心で、ひたすら自分の役目を全うしたら、必ず人生は通っていく。自然の道理に従って正しさを持ち続けないと災いが起きるから、物事を進めることができない。無為、ありのままの姿で天地の心に沿った生き方をする

	26	**山天大畜**（さんてんたいちく）
	人生の時 or 場面	天から味方され大いなる富を得る時
	象　意	大きく蓄える、財産、大いなるパワー、大きい器、止める、智恵・体力を蓄える
メッセージ		人生いきなり大畜になるわけではない。大器は晩成するものである。一歩一歩、自己調整・修正しながら、時間をかけて進んでいく。困難や苦労を乗り越えるたびに学び・成長し、自分の器を大きくする。蓄えるのはお金よりも、智恵や徳。決して安易な道ではなく、忍耐強く正道を歩み続けることによって、いずれ世の中から認められ、自由自在に能力を発揮できるようになる。

易経の秘密　人生における八卦・六十四卦からの学び

27		山雷頤（さんらいい）
	人生の時 or場面	心と身体を正しく養生する時
	象　意	身を養う、自力で生きる、言語・飲食を慎む、人材を養う、自分の霊力に気づく
メッセージ		自分の中に備わっている素晴らしさを捨てて、他を羨み崇めるのは必ず行き詰まる。すべての生き物はこの世で生きていける能力が十分備わっている。だから誰かに養われようという安易な考えを捨てて、自立して自らを養うことが正道。自分の中の霊力を発見した時、人生最大な喜びとなる。

28		沢風大過（たくふうたいか）
	人生の時 or場面	非常事態が起きた時
	象　意	やりすぎ、根腐れ、非常事態、強すぎる勢い、転覆、極端なことをする
メッセージ		非常事態の時は、平常な時の観念ではなく、常識に囚われない柔軟性が必要。非常事態の問題を発見して、それを救うべく行動をした時、理解されないばかりか批判を浴びることさえある。苦難を覚悟して進み、整えていけば道は拓いていく。

29		坎為水（かんいすい）
	人生の時 or場面	度重なる困難に出遭う時
	象　意	一難去ってまた一難、落とし穴、水難、障害や悩みが重なる、危険な状態
メッセージ		度重なる困難に対処するには、まずは困難に慣れて、困難から学び続けること。そしていつか突破できるという強い信念を持つこと。水のように自分を自在に変化させながらあらゆることに柔軟に対応する。困難を恐れず、困難を生かすことができれば、かならず突破できるようになる。

205

	30	**離為火**（りいか）
	人生の時 or場面	いつも心の明るさを保つ時
	象　意	付着する、明るい、変容、智恵、美しさ、離れる、目立つ、付き従うこと
メッセージ		正しい道につけば人生明るく亨っていき、正しい人に付き従えば喜びを得られる。文明も知識も「正しいもの」を拠り所にしなければならない。知識があるがゆえに大きい社会的な災難を招くことがある。徳が伴わない知識はかえって危険なことである。知識も考え方も付き合う人も取捨選択する智恵をもって、心明るくわが人生を楽しむ。

易経　64卦　下経（人道）　34卦

	31	**沢山咸**（たくざんかん）
	人生の時 or場面	感じ合って、引き合う時
	象　意	恋愛、感じる、感応、通じる、素直さ、迅速さ、作家
メッセージ		男女、人間のみならず、宇宙万物とも感応し合っているので、先入観を持たず無心で正しく感応する。正しい時に、正しい人と出会って、正しい順番を踏んで物事を進めるのが、その先の幸せにつながる。

易経の秘密　人生における八卦・六十四卦からの学び

	32	雷風恒（らいふうこう）
䷟	人生の時 or場面	末永く続く幸せな人間関係を築く時
	象　意	結婚、恒久、安定、夫婦、変化、長寿
メッセージ		天地の道は恒久だが、同時にすべてはいつも変化の中にある。人間の心はいつも変化するから、恒は本来難しいこと！　永らく変わらない良い人間関係を続けるためにも変わることが必要。いつも合理的な調整が大事！相手に期待しすぎると失望することが多い。無心に相手を思いやることが大事。

	33	天山遯（てんざんとん）
䷠	人生の時 or場面	潔く退くが勝ちの時
	象　意	退避、隠とん、撤退、逃げ隠れる、退く、身を保つ時
メッセージ		時勢を知り、一旦退く。逃げるのも自分の信念を守り抜くための智恵。消極的な退避ではなく、ひとまず撤退し、回転の機を待ち、迂回的な進取を採る。一旦退いて、自己調整、修練をするからまた通っていく。

	34	雷天大壮（らいてんたいそう）
䷡	人生の時 or場面	勢いが壮んになっている時
	象　意	盛壮、盛大、暴走、傲慢、進みすぎて失敗、努力家、青年
メッセージ		勢いが壮んになる時はどうしても、行き過ぎる。大壮の勢いにまかせて進むと、暴走、傲慢、人に勝つことばかり意欲を燃やすことになり、そうすると必ず失敗を招く。物事がうまく行っている時ほど、謙虚に慎重に進まなければならない。

207

	35	**火地晋**（かちしん）
	人生の時 or場面	希望をもって前進する時
	象　意	進歩、明らか、立身、発達、日の出、暗きを出て明るみに進む
メッセージ		物事を成し遂げるには、向上心をもち、周りとの信頼関係を築いて前進し続けること。太陽のような公明正大な徳と才能を磨くことで、物事が自然と進んでいく。

	36	**地火明夷**（ちかめいい）
	人生の時 or場面	世の中が真っ暗になる時
	象　意	破財、盗難、火災、失恋、暗黒、柔順にして禍を避ける
メッセージ		暗黒の時代は道理も正論も通らない理不尽な状態。こんな時、積極的に動いても危険。誰からも見られない暗い時こそが試されている時でもある。困難や苦しみは付きもの。自分の心に正しさ、明るさを無くさないかぎり、道は開けていく。しっかり内面に力を蓄えて、時を待つ。

	37	**風火家人**（ふうかかじん）
	人生の時 or場面	それぞれ役割を果たす時
	象　意	家庭、家を興す、分尽くして立場を守る、進むより守る時
メッセージ		夫は夫らしく、妻は妻らしく、父は父らしく、母は母らしく、子は子らしくあることで、家の道は正しくなる。家の道が正しくなれば、天下もきちんと治まる。家族それぞれ正しい位置において、お互いに協力し合い、各自、自分の責任を果たすことで、天下が安泰になる。

易経の秘密　人生における八卦・六十四卦からの学び

	38	**火沢睽**（かたくけい）
	人生の時 or場面	疑心暗鬼になった時
	象　意	離別、背く、女の争い、短気な人、疑惑が多い
メッセージ		思い込みや妄想の中で相手を見ていることがあるが、現実はまったく違う状況かもしれない。だから「猜疑心」という鬼を外に出して、自ら進んで心を開いていけば物事は吉になる。孤立無援状態に陥って、誰も信じられなかったら、人生が行き詰まる。自分の言動を内省すればやがて信頼できる人が現れる。

	39	**水山蹇**（すいざんけん）
	人生の時 or場面	前に進めない困難に遭遇した時
	象　意	難局、進退不能、冬山にいく、自己反省、住居の難み
メッセージ		度重なる困難があったとしても、解決できない困難はない。困難を解決したくない人はいる。困難は人生の修練をする最高の機会でもある。困難を突破するには、智恵がある人の力を借りることも必要。自分の徳や才能を高めながら、貞正を守ればやがて困難を乗り越えることができる。

	40	**雷水解**（らいすいかい）
	人生の時 or場面	悩みが解消する時
	象　意	緩む、難が解ける、解放、分離、探偵
メッセージ		問題解決に必要なのは、思い切りがよく、速やかに行動すること。解決する問題の場所が正しいか、誰に対してどのような態度で行うのか、時に合わせて正しく動くことができれば問題をスッキリ解決することができる。

	41	**山沢損**（さんたくそん）
	人生の時 or場面	損して得をとる時
	象　意	損失、目上に対する援助、投資、隠遁者
メッセージ		損の極地は益。みんなのためになることを続ければ、天下が安定し、自分も得する。時には全体の利益のためには、自ら犠牲を払っても利他の行動をとる必要がある。しかし自分を減らして人のため、世のために尽くすにしても、時と状況をよく考えてしないと、本当の利他にならない。

	42	**風雷益**（ふうらいえき）
	人生の時 or場面	喜んで人に与える時
	象　意	増益、繁盛、援助、多忙、栄転、公益事業
メッセージ		真心と慈悲の心をもって、人と者に接して、無償の愛を与えると人はそれに感化され、力を尽くすようになる。損益は一体。先に損して、後に益する。失うものがあれば必ず得るものがある。

	43	**沢天夬**（たくてんかい）
	人生の時 or場面	決断の時
	象　意	決壊、決断、目上に悪人がいる、女性の上司、断崖に立たされる
メッセージ		決断して実行する時は、前後・全体の影響を考えて後遺症が残らないように慎重に行う必要がある。過去に親しんだ相手でも、夬（き）るべきときは夬る。他人から誤解されても、正しいことを続ければ、いずれ誤解は解ける。

易経の秘密　人生における八卦・六十四卦からの学び

	44	**天風姤**（てんぷうこう）
	人生の時 or場面	思いがけなく出会う時
	象　意	遭遇、災害に遭う、事の始め、密談、多情な女、誘惑
メッセージ		異文化が入ってきたら、全体の社会風潮に大きい影響を与える。だから異質なものを受け入れる際は、最初から慎重に警戒する必要がある。しかし、出会いを警戒しすぎても、チャンスを失うことがある。早いうち善悪の弁別をし、なるべく予防する。

	45	**沢地萃**（たくちすい）
	人生の時 or場面	人が集まる時
	象　意	集まる、親しむ、集合、祭祀、人望がある人、口先だけの人
メッセージ		類は友を呼ぶというのが、常ではあるが、人や物が集まればそこには思いがけない事件や事故も起こるものである。集まってくる、人、物、財を合理的に支配するためには才徳兼備に加え、正しさを保つことが条件である。

	46	**地風升**（ちふうしょう）
	人生の時 or場面	昇り進んでいく時
	象　意	進展、時を以って昇り進む、成長、発展、時を得れば芽が出る
メッセージ		木の芽が成長するとき、人が昇進するとき、思うままできず時や周りの環境に左右され、受け身の立場になることがある。昇進が異常に順調に進む時ほど、警戒する必要もある。誠実で、素直な気持ちで、自己修練しながら、日々の小さなことから、実践していけば、その蓄積で大きいことができるようになる。

211

47		沢水困（たくすいこん）
	人生の時 or場面	人生どん底を感じた時
	象 意	干ばつ、水涸れ、困窮、欠乏、忍耐、悩み、無職、未亡人
メッセージ		最大な苦境に対しても、泰然と向き合う。困難と戯れるくらいの気持ちで、心の明るさを失わず、志を貫いていけば必ず通達していく。志が高ければ高いほど、困難の局面に会いやすい。そこで鍛えられて能力を磨き、徳を高めることができる。

48		水風井（すいふうせい）
	人生の時 or場面	自らを磨いて、人を養う時
	象 意	養う、相続、社会事業、過不足がない、必要な分だけ得る
メッセージ		井戸の水は涸れることも、溢れることもなく人々に水を与え続け、命を養っている。人は自らを磨いて徳を積めば、沢山の人に恩恵を与えることができる。井戸は場所を固定して変えない。人格が高い人はどんな人や状況に遇っても内面の道徳や教養を変えることはしない。そしていつも安定的な態度を持ち続け、誰に対しても対等に接する。

49		沢火革（たくかかく）
	人生の時 or場面	大きい革命をする時
	象 意	革命、改革、古きを去る、異変、思想家
メッセージ		何事も半ばをすぎると弊害が起きてくる。物事を改めるのは、その時期が熟した時。時期が熟している時、改めるから人々から信じられる。革命には破壊が伴う、だから悔いもある。革命が成功し、多くの人にとって喜びの結果になると悔いは滅ぶ。

易経の秘密　人生における八卦・六十四卦からの学び

	50	火風鼎（かふうてい）
	人生の時 or場面	大きい権威をもつ時
	象　意	改まる、新しきをとる、賢人を養う、相続
メッセージ		大きい権威を持つ人は、目に見えない自然の道理を以って人々の生き方を諭す人であり、天の命（意志）を受け取り、人々の生活を指導する人である。そのためには、全体を観る聡明さがないとならない。全体のために尽力する人材を尊重し、相応な待遇をすることも大切。

	51	震為雷（しんいらい）
	人生の時 or場面	驚くべきことが起きた時
	象　意	震動、行動、驚き、後継人、勇敢、春
メッセージ		驚くべき事が起きるのは、人を目覚めさせるために起きる現象。突発的なことが起きても、取り乱すことなく、「志」を失わない。こんな時こそ、徳と才能が試される。驚くべきことが起きた時は、わが身に過ちがなかったかと恐れ、顧みて過ちを是正する。事を通して多くの経験と教訓を得て、向き合い方や対応の仕方を学んで平穏な生活に戻る。

	52	艮為山（ごんいざん）
	人生の時 or場面	止まるべき所で止まる時
	象　意	静止、篤実、相続、遅滞、登山家、重荷の人
メッセージ		宇宙は変化の連続で、進み、発展することを専らとするが「時」によって、止まることが生きる大切な智恵となる。もっとも止めるべきものは、自分の心の中で生じた適切でない欲望。我を忘れるくらいの心境であれば、外の世界に心が動くこともなくひたすら今、自分のやるべきことに専心する。

213

	53	**風山漸**（ふうざんぜん）
	人生の時 or場面	順番立てて進む時
	象　意	順番を踏んで進む、階段、結婚、急進は凶
メッセージ		何でも迅速を求めてはならない。ゆっくり、順番を踏んで進めていくことにも意味がある。正しい目標をもって、順番を踏んで徐々に進んでいくと、やがてその目標に辿り着く。法則は不変だが、方法は変えられる。

	54	**雷沢帰妹**（らいたくきまい）
	人生の時 or場面	目先の楽しみや喜びに走る時
	象　意	結婚、不倫、利欲、帰依、夫婦不和、情欲に相感じる
メッセージ		順序を無視して、快楽、欲望のまま動いて、自ら求めていくと手違いが多く万事不成功に終わる。

	55	**雷火豊**（らいかほう）
	人生の時 or場面	人生の王者になる時
	象　意	盛大、火災、寛大な人、有名人、閃く、盛大が極まり衰えるに赴く意
メッセージ		智恵と行動力をもって物事に取り組めば、盛大に栄えていくことができるが、盛大な勢力を永久的に保てないのが天地自然の道理。無駄な心配をするよりも、今、太陽が中天に光り輝いている時だから、今なすべきことをして今の勢いを持続できるように努力する。徳が高い人であれば、「豊」の状態を少しでも永く維持することができる。

易経の秘密　人生における八卦・六十四卦からの学び

	56	火山旅（かざんりょ）
	人生の時 or場面	旅をする時
	象　意	旅行、転居、心定まらず、親しみ少ない、旅人、困難、心労、不安定
メッセージ		旅には潜在的な危機、困難が伴う。軽挙妄動しないで、止まるところに止まる。慎重さ、中庸な態度、時と場に従う柔軟性が必要。不安定さ、困難が伴うが、旅は大きく学び、智恵を得る有意義なこと。

	57	巽為風（そんいふう）
	人生の時 or場面	柔軟性を発揮する時
	象　意	謙遜、入る、疑惑が多い、往来、利益、命令、縁談
メッセージ		謙虚・柔軟は必要だが自分の確乎たる信念は見失わない。柔順さ、従う事も徳の一つだが、何に従うかが大事。柔順に従うべきものと、従う必要がないものがある。物事の道理に合っているか、自然の規律に反してないか。自分の基準を持つべき。そうではないと盲従になる。盲従になったら、災難に遭うこともありえる。

	58	兌為沢（だいたく）
	人生の時 or場面	共に喜び楽しむ時
	象　意	喜悦、柔和、親睦、口論、料理、情け、遊興
メッセージ		朋と助け合いながら学び、成長していくのは、人生の大きい喜び。表面的な喜びではなく、正しい道で人と共に正しく喜び合うことが大切。やがて個人的な喜びを越え、社会的な大きい喜びを目指す。

215

	59	**風水渙**（ふうすいかん）
	人生の時 or場面	離散の時
	象　意	解散、離散、難を散らす、悩みを散らす、離別する人、船出
メッセージ		離散の時は、危機的な状況ではあるが、こんな時だからこそ、新しい秩序と価値観を作れる時でもある。離散の悩みを散らして再び、人々の心を集めれば大きいことを成し遂げることができる。渙の時は私利私欲があってはならない。全体のためを考える正しさが必要。

	60	**水沢節**（すいたくせつ）
	人生の時 or場面	節度をわきまえる時
	象　意	節度、節約、節操、礼節、止まる、辛抱、節失い困窮、不倫に悩む
メッセージ		水が多すぎると沢は溢れてしまう。物事には限度があり、そのために節度が必要になる。自然は節度があるから、季節はいつも新しく移り変わり、国にも節度があるから、安定する。個人も節度（礼節）があるから、美しくなれる。しかし節度も度を越えれば、苦しむことになる。苦節を正しいことと固執してはならない。

	61	**風沢中孚**（ふうたくちゅうふ）
	人生の時 or場面	信頼関係を結ぶ時
	象　意	信実、親睦、思いやり、真心、信頼関係、親愛、真の友情、親子の愛情
メッセージ		真心を持って人と接すると必ず通じ合う。お互い信頼し合って、心を合わせることができれば、どんな困難も乗り越えることができる。誠をもって人々を感動させるのは、一朝一夕でできることではなく、長い間、誠実な道を守り続けてきたからこそできるものである。

易経の秘密　人生における八卦・六十四卦からの学び

	62	雷山小過（らいさんしょうか）
	人生の時or場面	少しやりすぎる時
	象　意	度が過ぎる、行き過ぎ、背中合わせ、離反、前進より退く
メッセージ		何事もやりすぎたら、無理が生じて物事が空回りして、悩みや苦しみが多くなる。上を目指す時は、勢いに乗って、ついやりすぎてしまうが、一歩下がって自分を戒めながら、慎重に進めていく。

	63	水火既済（すいかきせい）
	人生の時or場面	物事が完成する時
	象　意	整う、完成、まとまる、極まる、はじめ順調で後で乱れる
メッセージ		物事の完成に気を緩ませない。成長・発展させるより、良い状態を維持するほうが難しい。はじめに完成の喜びがあっても、完成したとたんすぐ乱れ始める。陽極まれば陰を生ずる。

	64	火水未済（かすいびせい）
	人生の時or場面	また新たに始める時
	象　意	未完成、未熟、未解決、未熟、時期尚早、振り出しに戻る
メッセージ		終わりは新たな始まり。十分力が備わってない状態で、無計画に進むと恥をかく。物事が未完成の時は、完成に向かっていく時なので、志を立てることが大事。自分の未熟さを知り、才能がある人に学びながら、慎重に進むことで、やがて輝くことができる。

あとがき　〜豊かに生きるということ〜

「ゆいさんも将来、自分の車持てるよ」と19歳の時、会社の上司に言われた一言、今でも心に残っています。

当時、中国青島の日本企業に就職して通訳として働いていた私は、会社に納品されたばかりのピカピカの新車に乗り込んではしゃいでいました。そんな時に言われた一言で、「私にもこんな車持てるの？」と信じられない気持ちで目をまるまるさせながら、憧れたものです。

その後、留学生として来日して、2万円のアパートの部屋を友達とシェアして暮らすことから始まりました。学費と生活費を稼ぐためにアルバイトで明け暮れながら過ごした7年間の学生生活の中では、自分の車を持てるなんてまだまだ遠い夢のように感じていました。

人生の紆余曲折を経て、はじめて自分の車と、家を購入できた時は、ようやく手に入れた有難い「豊かさ」に心から喜びを感じたものです。

2010年、福岡で創業した薬膳レストラン、そして薬膳学院は2年目から軌道に乗り始め、お店は繁盛店と言われるようになり、学院もいつも定員ほぼいっぱいの状態でした。

しかし、人生には「まさか」というものがありました。

2020年、突如やってきたコロナ危機。これまで繁盛店と言われてきたお店は従業員の数がお客様の数より上回るようになり、学院の受講生も半分以下に減って、最初の一年だけで数千万円の赤字状態になりました。その特殊の時期にあたり、銀行でもコロナ融資を積極的にしてくれたので、気づけば、借入額がかなりの数

あとがき　〜豊かに生きるということ〜

字に膨れ上がっていました。

　これどうするの？

「不安」がまったくないわけではないですが、どこかでむしろ「ワクワク」する自分がいました。なぜなら、ここでそれまで学んできた「易経」の教えを実践する時だと思ったからです。

　借入が膨れ上がった分だけ私には成長のチャンスがある。マイナスからプラスに転化していく陰陽の振れ幅は同じはずとそんな発想がありました。じつはこれが今回の「易経の秘密」を書く強烈な動機となりました。

　それまでの従業員とコミュニケーションをとる中でも、ずっと言ってきた私の信念があります。それは、お金は「目的」ではなく「結果」。社会や人に素晴らしい価値を提供した時に、お金は自然と結果としてついてくるものだということです。

　今までそれを小さく実践して、成功体験は積んでいるのだから、それを大きくすればいいと自分に言い聞かせて、どうしたら、社会や人に大きい価値を提供できるのだろうと考えていました。

　それが私の人生を歓喜に導いてくれた「易経」の本を書くことでした。きっと変化が激しい今の時代のたくさんの人々の心の栄養となり、宇宙の根源の大きい法則とつながることで、ゆるぎない安定感を得られることに間違いないと思いました。

「宇宙の法則に適うことをやれば、必ず人生はうまくいく」、これも私が授業中によく言っていた言葉です。私自身、身をもって実践してきましたが、今回のことで、またこの原点に立ち返ることができました。

　このような念を発した時から、どんどん不思議な宇宙の導きを感じるようになりました。

219

まずは、本田健さんの八ヶ岳作家セミナーに導かれ、その後、そこで出会った『ハッとする言葉の紡ぎ方』の著者である堤藤成さんから、出版企画書の書き方の指導を受けることになりました。そして企画書を私の愛読書である『サイコロを使った実占　易経』を出版した五月書房新社に送った所、「待っていました」とばかりに、最初のコンタクトで商業出版の依頼をいただきました。

　そして、その直後にこの本を完成するにあたって、最も大切な役割を果たしてくださった中心人物に出会うのです。2024年5月に長野水輪の宇宙の叡智シリーズの合宿セミナーで奥健一郎先生の「霊性文明の夜明けに向けて」の講演を聞いていましたが、その内容に共鳴することが多く、引き込まれていたら、「今の時代は易経に学ぶべき」とおっしゃるのでびっくりしたことを覚えています。

　その後、奥健一郎先生に監修をしていただく流れになって、私が書いた一言一句を、丁寧に目を通してくださり、適格なアドバイスをいただきました。

　今回は占いや帝王学というより、私たち一般人の普段の生活や健康・生き方に寄り添う易経の智恵を書くことが目的でした。そこで出版前の原稿を読んでいただき、フィードバックしていただく方を幅広い年齢層で35名募集したところ、2日でなんと70名超える方の応募をいただきました。結局81名の方が協力隊に名乗り出てくださり、2カ月に渡り、原稿を読んでフィードバックしていただいたり、zoom交流会を重ねながら、原稿を調整・修正しながら進めることができました。協力隊の皆様からは大きい応援のエネルギーをいただき、さまざまな方の忌憚のないご意見をお伺いすることができて、大変貴重な体験をしました。

「易経の秘密」を生み出すことができたのは、まさに協力隊のみ

あとがき　〜豊かに生きるということ〜

なさまとの共同作業の賜物です。

　執筆過程では、うまく表現できないもどかしさや生みの苦しさもありましたが、たくさんの方が関わってくださった豊かなエネルギーを感じて、心の奥では深い幸せを感じていました。

　もうすでに、お金では計りきれない無限の豊かさを受け取った気がします。

　物質的な豊かさには限界がありますが、精神的な豊かさには限界がないものですね。

　お金や豊かさは誰にとっても、魅力的なものです。しかし、本当にお金持ちになれるのはお金を忘れた時かもしれません。大谷翔平さんが決してお金のために野球をしているわけではないということは誰の目からもわかることです。ひたすら自分がやりたいことを無心に全うした結果、お金は「結果」として現れるというのが宇宙の法則とも言えます。

　お金は外から稼ぎ入れるものだと勘違いしているかもしれませんが、じつは自分の中にある智恵の現れなので、その意味では、自分がお金そのものだとも言えるのです。誰もが自分の天命をまっとうする生き方をすれば、宇宙の限りない応援が入り、枯れない金脈をもつようになるのではないでしょうか。

　あらゆる存在の本質的な喜びは、「与える」ことです。そして自分の中には与えても、与えても枯れない泉の源があります。「お金が足りない、時間が足りない、愛が足りない」という「足りない」意識で行動すると、外から取り入れようとして必死になって、身体が緊張するのです。そうするとお金は手に入れても「命」と引き換えることになるかもしれません。

　自分の源と繋がる生き方をすれば「豊かさ」「愛」「お金」は全

221

部自分そのものだとわかるようになります。

　私たちの本質は無極の中の宇宙意識にあるのですから、何でも創り出せる「創造力」をもっています。つまり、足りないと思うのは錯覚で、本来自分の中にすべてが備わっているということです。それを体験として知るために、人生が与えられているのではないでしょうか。

　自分の中にある無限力に好奇心をもって、大きい安心感に包まれて、人生の選択をしてください。人生で起きている楽しいこと、苦しいこと、すべてが自分を創ってくれて、真の豊かさに導いてくれます。

　最後に、本書の制作にあたって多大な協力をしてくださった協力隊のみなさま、奥健一郎先生、杉原編集長、堤藤成さん、本田健さん、出版社のみなさん、および友人、家族に心から感謝を申し上げると共に、「易経の秘密」が多くの方の心の平和と真の豊かさを手に入れる一助となることを、心よりお祈り申し上げます。

　今年は来日して30周年の節目の年になります。日本で人生の素晴らしい舞台が与えられたこと、心より感謝しております。本当にたくさんの方に親切にしていただき、社会的な恩恵も多く受けました。「易経の秘密」を通して、ご縁がある方々の人生にお役に立てられて、少しでも日本社会に恩返しができるならとても幸せに思います。

　そして大好きな日本と中国、両国の文化交流の懸け橋になれるよう、今後とも精進して参りたいと思います。

　愛と感謝を込めて。

王　一

2024年11月吉日

◉ 協力隊名簿 (敬称略)

天貴 敬相	一輝	内山 亜由美	内山 稀星	中村 久香
三上 弘恵	中塚 妙子	井上 敏子	馬渡 恵	松本 晃秀
成田 陽子	碇 浩子	田代 美佐代	茂地 晴美	野口 英子
慕 桂蘭	清水 賀世	八城 眞由美	明子	佳代子
長井 芙美	正木 孔明	小平 真理	石崎 恵	田村 美由紀
清水 賀世	吉本 明日香	辻 太嘉志	山田 祐子	岩隈 佳代
迫 敏信	迫 美禮	迫 愛莉奈	新田 ソフィー	佐々木 由佳子
柿元 信恵	古場 真由美	森下 良子	橋口 千穂	伊地知 千秋
渡邊 あや	山口 範子	岸 真弓	須藤 英彦(えいちゃん)	
藤岡 真理	松岡 洋子	川村 麻里子	兼本 守裕	金丸 綾花
馬場 れい	東田 小雪	武田 和歌子	津崎 たから	世界のよしこ
上野 利惠子	サニー 早苗	佐藤 仁美	太田 久美	中村 ひろの
柳瀬 康博	石内 ヒロト	なぎ まひろ		ほか19名

～計81名～

監修の言葉

　この度、王一さんの易経の本を監修させていただいたことは、私にとっても、大変意義深いものとなりました。

　宇宙ができる前の世界から大宇宙が生まれたという「無極」から「太極」への流れ、そこから生み出された「陰陽」のエネルギー、そして「五行」「八卦」「六十四掛」という目に見えないエネルギーから、見える世界が形成されてきたという流れこそ、易経の原理原則であり、宇宙の真理であります。まず、この原理を理解することが易をマスターする秘訣であるとする本書は、まさに、古来の日本的視点から生まれた「ジャパニーズ易経」であると言えます。

　また、筮竹やコイン、サイコロといった占いを用いず、潜在意識の理論を応用できるようにしたのも、本書の特徴です。

　元々、医と易の関係は深く、中国伝統医学や薬膳は、その源を易経に発しています。彼女自身、自治体の医師会に呼ばれて講演することもありますが、この分野の専門家でもあり、今後、この医と易を融合した流れは、日本においても、ますます加速すると思います。

加えて、彼女は、中国生まれで中国語に精通し、本場中国の易経の事情に精通しています。その上で日本語に長け、日本で多くのビジネスを手がけてきた彼女の論点は確固たる根拠を持っており、「健康」と「運命」という、人生にとって最も重要なことを、どのように扱っていけばいいのかということについて、これまでにない視点で易経の原理を解き明かしています。

　本書をまとめるに当って、彼女は忌憚ない意見を多く得るために、原稿を読んでフィードバックしてくださる方を募集し、「協力隊」を組織しました。その中には、辛辣な意見もありましたが、それら全てを謙虚に受け止め、試行錯誤しながら、本書は生まれました。

　今後、64掛を詳細に解説した続刊やセミナー、動画講座も展開していく予定です。本書を縦横無尽に使いこなし、さらなる学びを重ね、読者の方々が一人でも多く、自分の真の幸福を味わうことのできる人生を送れることを、願って止みません。

奥　健一郎

略　歴 ◉ 早稲田大学卒業後、大蔵省（現・財務省）にて国際金融業務等に従事。
在職中、米国へ公費留学。ミシガン大学大学院応用経済学修了。
オランダ・ライデン大学 EURO プログラム修了。
米国フロリダ州ペンサコーラ市名誉市民。
（現・公財）松下政経塾・卒塾（第20期生）。
衆議院議員秘書、（財）日本エネルギー経済研究所統括本部研究員、
英国クランフィールド大学日本センター主任研究員、
米国 CSIS フェロー、（現・公財）中村天風財団理事・事務局長等を歴任。
国立大学法人・鹿児島大学教授（経営学）を10年間勤め、
現在、コンサルタント業務、講演等で活躍中。

●著者プロフィール

王　一（ゆい）

1973年、中国・黒竜江省生まれ。
1994年来日。
名古屋商科大学大学院修了（経営学修士）。

現在、東方健寿実業株式会社代表取締役。
東方薬膳学院、東方薬膳食堂、東方易経研究院、
オンラインスクール養生大学、天地・礼心養生文化館を運営。

実生活に役に立つ薬膳・易経を伝える講師として活動して17年目。
命の危機を経験したことをきっかけに生命哲学に興味をもち、
易経を中心に薬膳・栄養学・心理学などを学び
実践したことで人生が劇的に好転。
易経の原理原則を応用したことで、
過去に経営した薬膳レストランは年間4万人が訪れる大繁盛店に。

薬膳や易経講座の受講生からは、
「易経の理論を知ることができて、考え方の質がよくなり、
生きることが楽しくなった」と好評。

占わずして人生を大きく好転させる！

易経の秘密

本体価格……二〇〇〇円

発行日……二〇二四年一二月一二日　初版第一刷発行
　　　　　二〇二五年　二月二八日　初版第二刷発行

著　者……王　一

監修者……奥　健一郎

編集人……杉原　修

発行人……柴田理加子

発行所……株式会社 五月書房新社
　　　　　東京都中央区新富二─一一─二
　　　　　郵便番号　一〇四─〇〇四一
　　　　　電　話　〇三（六四五三）四〇〇五
　　　　　FAX　〇三（六四五三）四四〇六
　　　　　URL　www.gssinc.jp

イラスト……れい

編集／組版……株式会社 三月社

装　幀……島　浩二

印刷／製本……モリモト印刷 株式会社

〈無断転載・複写を禁ず〉

Copyright © 2024 by Yui
Published 2024 in Japan by Gogatsu Shobo Shinsha Inc.

ISBN978-4-909542-66-3 C0010

変化を豊かに生きる
易経心学
～ゆるぎない心に出会う旅～

https://www.gssinc.jp/yui

動画講座

占い（予測学）だけでなく、その易理を通して、
私たちは哲学、処世術、医学、自然科学、人間学、
養生学など、すべてを網羅した宇宙の本質、万物
に共通した摂理を探究できるようになります。

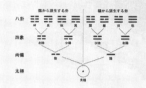

易経では人生のあらゆる場面、時、状況を６４通りのシチュエーションで、
どうしたら自然の「道」から外れないで、より実りが多い人生を過ごすか、
その本質を教えてくれます。

動画収録内容（計87本の動画講座）

- 易経心学　六十四卦ー上経（**30卦**）人生のあらゆる時と天道
　　　　　　六十四卦ー下経（**34卦**）人生のあらゆる時と人道

こんな方におすすめです！
- 人生をより健やかに、豊かに過ごしたい方
- ゆるぎない心を持ちたい方
- 宇宙の法則を知りたい方
- 自分らしく充実した人生を送りたい方
- 意識次元を高めたい方

さあ、
易経7000年の
叡智の世界へ
ご案内させて
いただきます。

五月書房の好評既刊

新装版 サイコロを使った実占・易経

立野清隆著

"本格的に学べる" "最適な入門書" として、1990年の初版以来、長く定評を得てきた名著の新装版。原典「易経」の全内容を忠実に、しかも易占いを正確にするためにできるだけ詳しく解説。筮竹なしで占える方法（サイコロ）も紹介、より身近に易経に接することができる。 2500円＋税 四六判並製

ISBN978-4-909542-01-4 C0076

ロジカルタロット

三和(MIWA)著

占いを超えた新しいリーディング・メソッド

タロットは未来を予言する神秘的な占いの道具ではなく、望む未来を自分で手に入れるための合理的なメソッド。さあ、占いに自分の未来を預けるのはもうやめて、タロット占いを超えたカードリーディングの進化形 "ロジカルタロット" で、なりたい自分になる道を見つけよう！ 2000円＋税 A5判並製

ISBN978-4-909542-65-6 C0076

改訂版 野草の力をいただいて

若杉ばあちゃん 食養の教え

若杉友子著

若杉ばあちゃんの代表作、改訂版として待望の復刊！ 山奥での〈天産自給〉生活や長年の〈食養〉の実践から得た、現代をたくましく生き抜くための知恵。四季折々の野草レシピ、野草を使った傷の手当、玄米や調味料の話、陰陽のことわり等、野草に囲まれたばあちゃんの実際の暮らしぶりを豊富なカラー写真で伝えます。 1500円＋税 四六判並製

ISBN978-4-909542-05-2 C0077

食べ物がからだを変える！ 人生を変える!!

食養語録 改訂版

若杉友子著

長年の食養の実践や山奥での自給自足的生活で話題の若杉ばあちゃんが、今本当に伝えたい「食養の知恵」を集大成。米・味噌・醤油・梅干しから教わったこと（第1章）、野草と野菜たちから教わったこと（第2章）、先人たちから教わったこと（第3章）。野草を使った厳選レシピ22選や伝統の手当て法等、実用情報も充実。『若杉ばあちゃん 食養語録』（2014年刊行）の改訂版。 1300円＋税 四六判並製

ISBN978-4-909542-00-7 C0077